全国学会财务制度（范本）

中国科协学会服务中心 ◎ 编著

FINANCIAL SYSTEM OF
CHINESE SOCIETY
(MODEL)

经济管理出版社
ECONOMY & MANAGEMENT PUBLISHING HOUSE

图书在版编目（CIP）数据

全国学会财务制度（范本）/中国科协学会服务中心编著．—北京：经济管理出版社，2023.9
ISBN 978-7-5096-9293-6

Ⅰ.①全… Ⅱ.①中… Ⅲ.①中国科学技术协会—财务制度 Ⅳ.①F233.2

中国国家版本馆 CIP 数据核字（2023）第 179137 号

组稿编辑：杨　雪
责任编辑：杨　炜
责任印制：许　艳
责任校对：张晓燕

出版发行：经济管理出版社
　　　　　（北京市海淀区北蜂窝 8 号中雅大厦 A 座 11 层　100038）
网　　址：www.E-mp.com.cn
电　　话：（010）51915602
印　　刷：北京晨旭印刷厂
经　　销：新华书店
开　　本：720mm×1000mm/16
印　　张：12.75
字　　数：177 千字
版　　次：2023 年 9 月第 1 版　2023 年 9 月第 1 次印刷
书　　号：ISBN 978-7-5096-9293-6
定　　价：68.00 元

·版权所有　翻印必究·
凡购本社图书，如有印装错误，由本社发行部负责调换。
联系地址：北京市海淀区北蜂窝 8 号中雅大厦 11 层
电话：（010）68022974　邮编：100038

编委会

主　任：刘亚东

副主任：刘桂荣

委　员：武德昆　李建发

编写组

主　编：张曾莲

副主编：许　冰

成　员：胡　末　胡春华　周学胜　王　奕　戚　妙

　　　　董志愿　王　华　施　雯　冯勇杰　邓文悦扬

前　言

为深入贯彻落实习近平总书记在两院院士大会和中国科协第十次全国代表大会上的重要讲话精神，服务高水平的科技自立自强，推动中国科协所属全国学会、协会、研究会（以下简称"全国学会"或"学会"）高质量发展，中国科协学会服务中心进一步聚焦靶心、突出重点，积极探索学会治理能力现代化的标准与路径，围绕为科技工作者服务、为创新驱动发展服务、为提高全民科学素质服务、为党和政府科学决策服务的职责定位，不断提升服务学会的方式和内涵，推进学会向世界一流学会迈进。

学会是科协的组织基础，学会财务管理是加强学会建设、提高学会发展活力、实现学会良性可持续发展的关键。学会财务管理不同于政府公共财务管理，也有别于企业财务管理，这就要求我们全面认识学会财务管理基础知识，要求相关学会负责人及财务人员熟悉学会财务管理相关制度。

本范本根据《中国科协所属全国学会财务管理指引大纲》的总体要求，从精简版和详细版两个维度制定《全国学会财务制度》（范本）。其中，精简版包括14章：总则；全国学会收入管理；全国学会支出管理与成本费用管理；全国学会预算管理；全国学会投资管理；全国学会货币资金管理；全国学会固定资产管理；全国学会会计核算管理，财务报告与分析，财务监督与财务审计；全国学会大型学术交流活动财务管理；全国学会劳务支出管理；全国学会财务机构与财务人员管理；全国学会分支机构

《全国学会财务制度》（范本）

财务管理；全国学会会计档案管理；附则。详细版对精简版中除了对总则和附则外的 12 个制度进行更详细的规范，包括 12 项具体制度：全国学会收入管理制度；全国学会支出管理与成本费用管理制度；全国学会预算管理制度；全国学会投资管理制度；全国学会货币资金管理制度；全国学会固定资产管理制度；全国学会会计核算管理，财务报告与分析，财务监督与财务审计制度；全国学会大型学术交流活动财务管理制度；全国学会劳务支出管理制度；全国学会财务机构与财务人员管理制度；全国学会分支机构财务管理制度；全国学会会计档案管理制度。

　　本范本作为全国学会理事会（常务理事会）和秘书长修订和完善财务管理制度的辅助资料，可以作为全国学会领导依据财务数据进行科学决策的辅助参考，也可以作为全国学会财务人员进行财务管理的参考资料。

　　由于本范本编写时间仓促，内容难免有不足或疏漏之处，敬请广大全国学会负责人批评指正。如有与最新颁布的政策法规不一致的内容，应以最新的规定为准。未来，我们将在更广泛深入的调研、交流基础上，进一步充实和完善本范本。期待全国学会负责人和财务人员赐教指导！

中国科协学会服务中心
2023 年 6 月

目　录

全国学会财务制度——精简版

第一章　总则……………………………………………………… 3
第二章　全国学会收入管理……………………………………… 7
第三章　全国学会支出管理与成本费用管理…………………… 9
第四章　全国学会预算管理……………………………………… 11
第五章　全国学会投资管理……………………………………… 13
第六章　全国学会货币资金管理………………………………… 15
第七章　全国学会固定资产管理………………………………… 19
第八章　全国学会会计核算管理，财务报告与分析，财务监督与
　　　　 财务审计……………………………………………… 21
第九章　全国学会大型学术交流活动财务管理………………… 27
第十章　全国学会劳务支出管理………………………………… 31
第十一章　全国学会财务机构与财务人员管理………………… 33
第十二章　全国学会分支机构财务管理………………………… 35
第十三章　全国学会会计档案管理……………………………… 37
第十四章　附则…………………………………………………… 39

全国学会财务制度——详细版

《全国学会收入管理制度》 ··· 43

《全国学会支出管理与成本费用管理制度》 ······················· 57

《全国学会预算管理制度》 ··· 79

《全国学会投资管理制度》 ··· 93

《全国学会货币资金管理制度》 ······································ 103

《全国学会固定资产管理制度》 ······································ 115

《全国学会会计核算管理,财务报告与分析,财务监督与财务审计制度》 ·· 127

《全国学会大型学术交流活动财务管理制度》 ··················· 143

《全国学会劳务支出管理制度》 ······································ 153

《全国学会财务机构与财务人员管理制度》 ······················ 161

《全国学会分支机构财务管理制度》 ································ 173

《全国学会会计档案管理制度》 ······································ 185

参考文献 ·· 193

全国学会财务制度——精简版

第一章　总则

第二章　全国学会收入管理

第三章　全国学会支出管理与成本费用管理

第四章　全国学会预算管理

第五章　全国学会投资管理

第六章　全国学会货币资金管理

第七章　全国学会固定资产管理

第八章　全国学会会计核算管理，财务报告与分析，财务监督与财务审计

第九章　全国学会大型学术交流活动财务管理

第十章　全国学会劳务支出管理

第十一章　全国学会财务机构与财务人员管理

第十二章　全国学会分支机构财务管理

第十三章　全国学会会计档案管理

第十四章　附则

第一章　总则

第一条　为全面贯彻落实党的二十大精神和中央关于群团改革的决策部署，深入落实中共中央办公厅印发的《科协系统深化改革实施方案》，规范全国学会财务管理，促进全国学会治理结构和治理方式现代化，赋能全国学会创新发展，推动中国特色一流学会建设，按照《面向建设世界科技强国的中国科协规划纲要》要求，依据《中华人民共和国会计法》《社会团体登记管理条例》《民间非营利组织会计制度》等相关法律法规和《中国科学技术协会章程》《中国科协所属全国学会财务管理指引大纲》，结合全国学会实际，制定《全国学会财务制度》。

第二条　《全国学会财务制度》是针对中国科协业务主管的全国学会财务管理提出的，具有规范性、指导性、引领性、支持性、可操作性的财务管理规程。属中国科协团体会员的全国学会参照执行。

第三条　全国学会应参照《全国学会财务制度》确定的工作规范，进一步完善财务管理制度，提高财务管理水平，控制和防范财务风险。学会工作人员应参照《全国学会财务制度》确定的行为规范，认真落实岗位职责，严格自律，提升业务能力和工作水平。

第四条　全国学会工作人员，包括与学会建立劳动关系的专职工作人员，以及其他在学会工作的兼职人员、劳务派遣人员、返聘的退（离）休人员和纳入行政事业编制人员等。

《全国学会财务制度》（范本）

第五条 全国学会财务管理应遵循以下基本原则：一是坚持依法依规原则。依法依规是全国学会财务管理的生命线，要把国家相关法律法规落实到全国学会财务管理的始终，不断增强遵规守法的自觉性。二是坚持标准规范原则。标准规范是全国学会财务管理的有效手段，要逐步建立完善全国学会财务管理工作标准体系，全面提高学会财务管理规范化水平。三是坚持公开透明原则。公开透明是全国学会财务管理的基本要求，要主动定期公开真实准确完整的学会财务信息，自觉接受会员和社会监督，不断提高全国学会公信力。四是坚持赋能发展原则。赋能发展是全国学会财务管理的根本目标，要努力打造支撑世界一流学会建设发展的财务保障能力，不断赋能学会改革创新发展。

第六条 全国学会财务管理的主要任务：科学、合理地编制单位部门预算；建立健全财务管理内控制度；节约经费开支，提高资金使用效率；加强资产管理，防止国有资产流失；加强会计核算，如实反映财务状况，确保会计信息真实、完整。

第七条 全国学会财务管理的内容包括：全国学会收入管理（精简版的第二章）；全国学会支出管理与成本费用管理（精简版的第三章）；全国学会预算管理（精简版的第四章）；全国学会投资管理（精简版的第五章）；全国学会货币资金管理（精简版的第六章）；全国学会固定资产管理（精简版的第七章）；全国学会会计核算管理，财务报告与分析，财务监督与财务审计（精简版的第八章）；全国学会大型学术交流活动财务管理（精简版的第九章）；全国学会劳务支出管理（精简版的第十章）；全国学会财务机构与财务人员管理（精简版的第十一章）；全国学会分支机构财务管理（精简版的第十二章）；全国学会会计档案管理（精简版的第十三章）等。

第八条 全国学会财务管理的各项具体制度包括：全国学会收入管理

制度（详细版）；全国学会支出管理与成本费用管理制度（详细版）；全国学会预算管理制度（详细版）；全国学会投资管理制度（详细版）；全国学会货币资金管理制度（详细版）；全国学会固定资产管理制度（详细版）；全国学会会计核算管理，财务报告与分析，财务监督与财务审计制度（详细版）；全国学会大型学术交流活动财务管理制度（详细版）；全国学会劳务支出管理制度（详细版）；全国学会财务机构与财务人员管理制度（详细版）；全国学会分支机构财务管理制度（详细版）；全国学会会计档案管理制度（详细版）等。

第二章 全国学会收入管理

第一条 收入是指全国学会在日常业务活动中形成的、会导致净资产增加的经济利益或服务潜力的总流入。全国学会收入主要包括捐赠收入、会费收入、提供服务收入、政府补助收入、投资收益、商品销售收入等主要业务活动收入和其他收入。全国学会收费主要包括会员会费、经营服务性收费等。

第二条 全国学会收入（收费）应符合章程规定的宗旨和业务范围。全国学会应将全部收入纳入法定账户统一管理，严格执行"收支两条线"政策，严禁账外建账或坐收坐支，杜绝"小金库"。各类收费应履行章程规定的程序，不得以任何方式强制企业或者个人入会、摊派会费、派捐索捐、强拉赞助。

第三条 全国学会的收入必须全部用于章程规定的非营利性事业，除列支学会管理、开展业务活动等必要成本及与学会有关的其他合理支出外，盈余不得分配。

第四条 全国学会应按《民间非营利组织会计制度》正确核算收入。全国学会应按类别及时、完整、准确核算各类收入，准确区分政府补助收入和经营服务性收入，不得长期挂账、跨期核算。

第五条 全国学会会员会费标准的制定或修改应由全国学会会员（代表）大会表决通过，表决采取无记名投票方式进行；会员会费标准的额度应当明确，不得具有浮动性。

第六条 全国学会接受捐赠应坚持自愿和无偿原则，且须符合本学会章程规定的宗旨和业务范围，并向捐赠人出具合法有效的公益事业捐赠票据。全国学会接受大额捐赠时，须与捐赠人订立捐赠合同，捐赠合同约定的用途应当符合章程规定的业务范围。全国学会接受捐赠情况应主动定期向社会公开。

第七条 全国学会经营服务性收费应遵循自愿、公平、公开的原则，不得具有强制性、垄断性，不得转包或委托与学会负责人、分支机构负责人有直接利益关系的个人或组织实施，收费标准应向社会公示。

第八条 全国学会不得违规向企业收费。全国学会向企业收取单位会员会费的，应遵循自愿原则，不得强制企业入会、摊派会费；接受企业捐赠的，应遵循自愿、无偿原则，不得向企业派捐索捐；向企业收取经营服务性收费的，应遵循自愿、公平、公开原则，不得向企业强拉赞助。

第九条 全国学会经费收入不得与行政机关及企事业单位混管。全国学会收入不得用于弥补其他行政事业单位经费不足，或发放其他行政事业单位工作人员各项补贴。

第十条 全国学会不得利用行政机关影响或行政资源牟利，不得借行政机关的登记、验证、年检等行政行为"搭车"收费，不得利用所掌握的会员信息、行业数据、捐赠人和受赠人信息等不当牟利。

第十一条 全国学会应自主制定并严格执行《全国学会收入管理制度》，明确各类收入的依据、范围、标准和程序，明确各类收入信息公开的范围、方式和内容，明确各类应收账款的内部管理规范。

第三章　全国学会支出管理与成本费用管理

第一条　支出是指全国学会在日常活动中发生的现金流出。现金包括库存现金、银行存款和其他货币资金等。

第二条　全国学会应认真贯彻落实中央"八项规定"精神，根据章程规定的宗旨和业务范围自主制定主要支出事项的标准并严格执行。按规定记入全国学会政府补助收入科目的财政项目资金，在支出时须严格按照国家有关规定和财政项目委托单位制定的支出标准执行。按规定记入全国学会政府补助收入科目之外的财政项目资金，与财政项目委托单位有明确约定的，在支出时按约定执行；与财政项目委托单位没有明确约定的，在支出时可按学会标准执行。

第三条　全国学会应自主制定并严格执行《支出报销规范》，明确各主要类别支出的内容、标准、报销程序、审批权限，明确不予报销事项。

第四条　全国学会会员会费支出应主要用于会员服务的成本支出。

第五条　全国学会捐赠支出应符合捐赠合同约定的范围和事项支出，专款专用、专账管理，并与捐赠收入配比。

第六条　全国学会可自主制定会议费支出标准。其中，全国学会工作性会议，如全体理事会议、常务理事会议等，涉及的住宿、餐饮、场地租赁等有市场公开报价的采购事项，采购价格一般不宜超过公开报价。

第七条 全国学会可自主制定培训费支出标准。其中，全国学会内部培训，如学会工作人员业务技能培训、职业道德培训等，涉及的住宿、餐饮、场地租赁等有市场公开报价的采购事项，采购价格一般不宜超过公开报价。

第八条 全国学会应加强国内差旅费管理。城际交通费应参照《中央和国家机关差旅费管理办法》规定的交通工具等级确定，住宿费应参照中央和国家机关工作人员赴地方差旅住宿费标准执行，其中，高级专业技术职称专家可参照"司局级及相当职务人员"标准执行，院士及国内知名专家可参照"部级及相当职务人员"标准执行。全国学会工作人员出差期间，无相关单位统一安排用餐的，可按每人每天100元领取伙食补助；市内交通费可据实报销，也可由学会另行制定管理规定。

第九条 全国学会应加强支出审核管理。全国学会支出申请和审批岗位应相互分离，支出报销应重点审核经济活动及其相应的内部审批手续、票据等原始凭证的真实性、合规性、完整性、时效性。

第十条 全国学会应明确不予报销的支出事项。一般情况下，全国学会不予报销的支出事项应包括：燕窝、鱼翅等高档菜肴，用野生保护动物制作的菜肴；烟酒、土特产品、烟花爆竹、年历等物品；花卉、水果、年货节礼（不含慰问离退休人员、老专家，以及发放正常职工福利）；贺卡、明信片、礼品、纪念品（不含赠送重要专家的单价在200元及以下的，以及按照对等原则赠送国际组织和国际友人的贺卡、明信片、礼品、纪念品）；旅游、健身和高消费娱乐活动；违反规定到风景名胜区举办会议和活动发生的费用；其他不予报销事项（如个人因私消费事项等）；超出章程规定的宗旨和业务范围的支出事项。

第四章 全国学会预算管理

第一条 预算管理是指全国学会对未来业务活动和相应财务结果进行充分全面的预测和筹划，并通过对执行过程的监控和分析，及时改善和调整业务活动。

第二条 全国学会应实施预算管理，依据章程规定的宗旨和业务范围科学编制年度预算。鼓励有条件的全国学会建立全面预算管理制度。

第三条 全国学会年度预算应由理事会（常务理事会）批准或确认，并严格执行。鼓励有条件的全国学会将全部收支纳入年度预算，严格控制无预算支出、超预算支出，对年度预算内资金实行责任人限额审批。

第四条 全国学会各项收入和支出都要全部纳入预算，实行统一核算、统一管理。各部门根据学会的工作重点和本部门实际，编制专项经费、提供服务收入、业务活动支出等预算。在各部门预算的基础上，由财务部门根据预算年度收入增减因素测算编制学会的收入预算；参考以前年度预算执行情况，结合学会工作计划和财力，编制学会基本支出预算。学会预算经学会理事长办公会议通过后，上报上级主管部门。

第五条 全国学会的预算编制应遵照"量入为出，节约开支"的原则，做到收支平衡。

第六条 预算一经确定，各部门须严格执行，无预算的紧急支出事项，须经学会理事长办公会审议批准。学会应加强预算执行分析，节约各项开支，用好预算资金。

第七条 全国学会应明确年度预算调整程序和权限。年度预算内调整可由全国学会办事机构集体决策；年度预算之外的支出事项，由全国学会办事机构集体研究提出，并经理事会（常务理事会）确认后补充编入年度预算。

第八条 全国学会年度预算执行情况应定期向理事会（常务理事会）、监事会（监事）报告。

第九条 全国学会可视情况制定《预算管理办法》，并在其中明确年度预算编制程序，明确预算执行监控措施。

第五章　全国学会投资管理

第一条　对外投资是指全国学会以货币资金、实物资产、无形资产等方式，或以购买股票、债券等有价证券的方式，向其他经济实体进行投资。对外投资分为债券投资和经营投资。债券投资是指学会以购买各种债券的形式进行的对外投资。经营投资是指学会独资或与其他单位共同出资组成合资或联营实体的对外投资。学会对外投资应以不影响完成本学会正常事业计划为前提。学会不得使用财政拨款及其结余进行对外投资。全国学会对外投资必须由会员（代表）大会或理事会（常务理事会）决策。

第二条　全国学会应准确界定资产性质，认真做好产权登记工作。在国家允许的范围内，学会拟以本学会占有、使用的国有资产对外投资的，必须严格遵守国有资产管理相关规定，认真履行相应的审批程序。学会拟以本学会资产对外投资的，必须严格履行内部决策程序，并主动向社会公开。存在下列情况之一者，全国学会不应增加新的对外投资项目：

（一）对外投资超过本学会净资产的70%以上；

（二）已设立的对外投资项目，未履行备案手续；

（三）已经发生的投资项目中，有1/3以上的项目存在亏损，未采取措施扭亏为赢。

第三条　全国学会投资决策由理事长办公会议决定，秘书处组织实施。重大投资决策应报告常务理事会，并接受常务理事会的监督。

第四条 全国学会对外投资应纳入年度预算管理，并将投资项目可行性研究或专家论证作为前置程序。

第五条 全国学会对外投资情况应定期向理事会（常务理事会）、监事会（监事）报告，并主动向社会公开。

第六条 全国学会对外投资应按民间非营利组织会计制度规定的核算要求进行准确核算。学会应建立对外投资项目档案，加强跟踪管理，及时掌握被投资单位的经营状况、财务状况等。学会用实物和无形资产对外投资，应当按照国家有关规定进行资产评估，并以评估值作为确定投资额的依据。对外投资合同协议价与账面价的差额应按规定进行账务处理并在账务报告中详细说明。学会收到的债券利息和被投资单位分配的利润，作为投资收益记入其他收入。对外投资要按照成本法核算。

第七条 全国学会对被投资单位有控制权或者有实质上的控制权的，应当视管理需要编制合并会计报表。

第八条 全国学会进行对外投资应当遵循"同股同权，同股同利"的原则，与其他投资方共同投资、共同经营、共享收益、共担风险。

第九条 全国学会应及时收回或处置到期投资资产。到期不能收回的投资资产，学会应参照行政事业单位资产清查核实认定标准进行认定，在经过理事会（常务理事会）批准后，按民间非营利组织会计制度核算要求进行账务处理。

第十条 对外投资的全国学会应自主制定并严格执行《全国学会对外投资管理制度》，明确对外投资项目立项程序、跟踪管理规范等。

第六章　全国学会货币资金管理

第一条　货币资金是指学会所拥有的现金、银行存款和其他货币资金。

第二条　货币资金管理的岗位管理。出纳为货币资金的直接责任人员。所有货币资金的收取和支付只能由出纳进行，禁止其他工作人员直接接触学会的现金和现金支票。出纳人员不得兼任稽核、会计档案保管和收入、支出、费用、债权债务账目的登记工作。严格履行货币资金授权审批。凡涉及货币资金的业务，各相应经办和管理、决策人员应严格按照审批权限进行审批和办理。

第三条　现金收支和库存的日常管理：

（一）因私借款不予办理。不准私自挪用公款和借支私用。

（二）借款人预借现金必须填写借款单，经财务总监和秘书长签字，财务人员审核后支付。

（三）职工预借差旅费时，财务部门应按出差时间长短、路途远近，预算所需金额，由出差人员填写借款单，按权限规定审批后借支。差旅费借款须在公务完毕回程后办理报销手续，填写"差旅费报销单"，经财务总监和秘书长签字后由出纳审核报销。对上次借款未清的，不得办理新的公务借款。

（四）学会全部现金收入统一交予出纳人员收取。

（五）出纳人员从银行提取现金时，应当在支票存根上注明用途和金额等内容，经财务总监和秘书长批准后方可提取。

（六）对保险箱的密码要绝对保密，钥匙应妥善保管，不得丢失，不得随意交给他人。

（七）各种现金报销标准，按国家和学会的有关规定执行。

（八）出纳人员应当建立健全现金账目，逐笔记载货币资金的收入和支出，做到收支清楚，手续完备，日清月结，账款相符。不得以任何凭证或白条顶替库存现金。出纳人员应当定期盘点，若有长短款要及时向财务总监报告，查明原因及时处理。

（九）现金的库存管理。学会库存现金限额的核定，根据现金支取量的多少决定。保险柜不得存入私有财产。

第四条 银行存款管理：

（一）结算范围。学会与其他有关单位发生的各种结算业务，除按《现金管理暂行条例》可以使用现金以外，一律通过银行办理转账结算，不得直接支付现金和开具现金支票。

（二）账户的使用。

1. 学会应当严格按照中国人民银行发布的《支付结算办法》规定使用银行账户。

2. 银行账户只能用于本学会业务范围内的资金收付，不得出借账户，不能从事与本学会业务无关的经济活动。任何人不得利用银行账户办理本学会以外的收支结算，因私借用支票不予办理。

3. 严格支票管理，财务人员不得签发无日期、无抬头、无用途、无限定金额的空白支票，不得签发远期支票和空头支票。

4. 不得签发、取得、转让没有真实交易和债权债务的票据。

5. 会计应在月末根据银行日记账账面余额和银行对账单余额进行对

账。如存在差额，必须逐笔查明原因进行处理，并按月编制"银行存款余额调节表"调节相符。对于调节不符的事项应查明原因，及时向财务总监汇报。

（三）日常管理。

1. 应当按开户银行名称以及存款账户等，分别设置"银行存款日记账"，由出纳人员根据记账凭证逐笔顺序登记，每日终了应结出余额。

2. 任何人不得违反银行结算法规制度，不得贪污挪用公款。

3. 出纳在签发支票时必须有申请人的支出报销单，并经审批手续审批。支票领用人必须在支票存根上签字。

4. 借用支票需填写借款单，由秘书长签字后办理支票领用手续。如实际支付金额暂时无法确定，应明确支票用途、收款单位和用款限额。实际支付金额由经办人按发票金额填写，严禁把没有填写金额的转账支票交给收款单位。预借支票必须按规定的用途使用，不得转让、出租和出借。经办人对领出的支票要妥善保管，如支票遗失，应及时向财务总监和秘书长汇报，并办理挂失手续。

5. 支票存根和银行回单，应与发票单据一并作为原始单据，附在记账凭证后。对于填错的支票，应标注"作废"，妥善保管。

第五条 财务印章管理。开立银行账户时，在开户银行预留的财务专用章由会计保管，法定代表人印章由出纳保管。印章如发生丢失、损毁或被盗情况，应迅速向秘书长汇报。

第七章　全国学会固定资产管理

第一条 为了加强对固定资产的管理，确保固定资产的安全、完整，提高固定资产的使用效益，根据国家有关规定，制定本制度。

第二条 学会的固定资产指使用年限在一年以上的设备、汽车、房屋和建筑物等。

第三条 固定资产管理的主要任务是：建立健全各项管理制度和账目；按规定计价、计提折旧；合理配备并节约、有效使用固定资产，提高固定资产使用效益；保证固定资产的安全、完整。

第四条 固定资产执行统一管理、分级负责的原则。固定资产管理的主要职责是：

（一）制定本管理制度的实施细则和各项管理制度；

（二）制定并实施固定资产的年度购置计划和预算；

（三）负责对所属单位的固定资产管理工作进行指导和监督；

（四）按照固定资产处置的审批权限，办理固定资产的处置上报工作；

（五）负责本学会固定资产的日常维护、保养、校验、调配，保证固定资产的有效使用，努力提高使用效益；

（六）管理好本学会的固定资产，防止固定资产的丢失和损坏，保证固定资产的安全、完整。

第五条 建立健全固定资产账簿，凡符合固定资产价位的设备、物资，支出报销时同时记入固定资产账簿。定期对固定资产进行账实核对，做到账物相符。建立分支机构固定资产二级台账，并定期对分支机构进行账实核对。

第六条 因工作需要添置固定资产，应由使用部门在年初提出申请，报分管资产财务的领导批准。批量购置固定资产，或购置价值较高的固定资产，应报学会理事长批准。

第七条 接收捐赠或盘盈的固定资产，应按规定办理交接或验收手续，财务部门依据交接单，发票或盘盈报告单等原始凭证入账。

第八条 固定资产有偿转让时，单位价值在5万元以上的由学会理事会批准。对价值较高的固定资产的转让或出售，须经有资质的中介机构对固定资产价值进行评估。

第八章 全国学会会计核算管理，财务报告与分析，财务监督与财务审计

第一节 会计核算管理

第一条 学会执行《民间非营利组织会计制度》，按规定设置会计账簿、编制财务报告，正确使用会计科目，确定核算程序，及时提供合法、真实、准确、完整的会计信息。

第二条 会计核算基本流程：审核原始凭证，填制记账凭证，合理归集成本费用，真实记录和反映单位经济活动。财务人员有权拒绝不真实、不合法的原始凭证。对记载不准确、不完整、有错误的原始凭证，财务人员坚决予以退回，并要求按规定进行补充、更正。

第三条 严格执行财政部印发的《会计基础工作规范》，切实加强会计基础工作，建立、健全内部控制制度，不断提高财务管理水平及会计核算水平。

第二节　财务报告

第四条　为了正确、及时、完整、全面反映学会财务状况和经营业绩以及财务状况变动的数据资料，为学会预算、决策提供真实、可靠的文字资料，根据《民间非营利组织会计制度》的规定，提供学会财务报告。

第五条　会计报表包括：预算报表、决算报表、月度财务报表以及向上级主管部门按期申报的各类财务报表。

第六条　预算、决算报表是学会"三重一大"的重要内容，因此，每年度财务的"一上""二上"预算报表和财务决算报表编制完成后必须经学会党政联席会议进行充分讨论，并将讨论内容的会议纪要连同预、决算报表一并上报上级主管部门。

第七条　日常月度财务报表。财务部门在一个月度会计核算周期结束后，根据总分类账簿，按照民间非营利组织会计制度规定的财务报表填制要求的格式、内容，正确全面完整地填报并于次月十日前向学会主管秘书长提供资产负债表、业务活动表、现金流量表。

第八条　财务报表应做到数字真实、计算准确、内容完整；同时具有可理解性、相关性、可比性和及时性。

第九条　有符合合并范围的分支机构应按照合并会计报表编制的要求，编制合并报表。

第三节　财务分析

第十条　为了揭示财务活动中存在的问题，预测学会未来的发展和风险，检查预算完成情况，考察经营管理总体成效，正确评价学会财务状况和经营成果，向理事会决策提供可靠的数据资料，财务部门要对学会会计报表进行财务指标分析。

第十一条　财务分析的要求：对财务预算指标进行分析，并与实际经营指标进行对比，分析各类收入、费用、成本所占的比例与核定经营目标的差额及原因，并且要求列报下一步关键举措。会计报表的分析要起到为学会领导在进行经营决策时提供参考，并对学会的财务状况和经营成果做出准确评价的作用。形成事前预测，事中控制，事后分析制度。

第十二条　财务分析的内容包括：预算编制与执行、资产使用、支出状况等。财务分析的指标包括：预算收入和支出完成率、人员经费与公用经费支出分别占事业支出的比率、人均基本支出、资产负债率等。

第四节　财务监督

第十三条　为了加强学会财务管理，保证学会财产安全，规范经费收支行为，增强经费的使用效益，需要强化学会财务监督。

第十四条　财务监督对象。主要包括对预算管理、收入管理、支出管理、结转和结余管理、专用基金管理、资产管理、负债管理等的监督。

第十五条 财务监督应当实行事前监督、事中监督、事后监督相结合，日常监督与专项监督相结合。

第十六条 学会应当建立健全内部控制制度、经济责任制度、财务信息披露制度等监督制度，依法公开财务信息。

第十七条 学会应当依法接受上级主管部门和财政、审计部门的监督。学会纪检监察部门负责学会财务事项的内部监督。对内部监督中发现的问题，依据国家相关法律、法规和制度要求及时纠正。学会财务接受学会会员代表大会和理事会的监督。

第十八条 会计人员对学会的经济活动进行会计监督。

（一）学会应建立健全财务管理制度，完善内部会计管理体系，建立健全财务收支审批制度，严格执行《中华人民共和国会计法》。

（二）对财务收支进行监督。对违反国家统一的财政、财务、会计制度规定的财务收支，应当给予制止和纠正。

（三）对违反学会内部会计管理制度的经济活动，应当制止和纠正，制止和纠正无效的，向学会相关领导报告，请求处理。

第五节　财务审计

第十九条 每年年终聘请中介机构对财务年终决算进行一次审计，同时监督检查一年内学会经济运行过程中各项处理的合理性、合法性、合规性。

第二十条 财务报告审计制度。

（一）年度财务报告对外提供前，应选择具有相关业务资格的会计师事务所进行审计。

（二）根据相关法律法规的规定，选择符合资质的会计师事务所对财务报告进行审计。

（三）不得干扰审计人员的正常工作，并应对审计意见予以落实。

（四）注册会计师及其所在的事务所出具的审计报告，应随财务报告一并提供。

第九章　全国学会大型学术交流活动财务管理

第一条　大型学术交流活动是指全国学会在章程规定的宗旨和业务范围内，为服务特定群体交流和展示学科知识、研究成果、实践经验等，以及传播和普及科学技术，而举办的大规模主旨活动。

第二条　全国学会举办大型学术交流活动应符合章程规定的宗旨和业务范围，且严格贯彻落实中央"八项规定"精神，厉行节约、勤俭办事，不得铺张浪费。

第三条　全国学会应将大型学术交流活动纳入年度预算管理。全国学会举办大型学术交流活动应提前制定活动计划，合理确定活动规模，从严控制活动成本，努力提高活动资金使用效益。

第四条　全国学会以"主办单位""协办单位""支持单位""参与单位""指导单位"等方式开展合作活动的，应当切实履行相关职责，加强对活动全程监管，不得以挂名方式参与合作。

第五条　大型学术交流活动有多个主办、承办单位的，应以书面协议方式确定相关权利义务。作为主办单位的全国学会，应当对活动收入如实入账，不得向承办方或协办方以任何形式收取费用。活动的收支核算应符合会计制度和账户管理规定，严格执行"收支两条线"规定，不得坐收坐支，不得账外核算，杜绝"小金库"。

第六条 全国学会应在举办大型学术交流活动前，公开活动收费范围、标准，且不得随意更改，活动期间不得以任何形式强制服务和强制收费。

第七条 全国学会举办大型学术交流活动涉及的采购事项，原则上采取竞争性方式确定供应商，其中技术复杂的应引入专家论证、第三方评估等机制。对采购金额较大的，全国学会应参考政府采购规定的公开招标、邀请招标、竞争性磋商、竞争性谈判、询价、单一来源等采购方式，简化操作程序、优化内部流程，自主制定本学会采购操作规程，并严格依据采购操作规程自行组织实施。对采购金额较小的，全国学会应按照"事前授权、事后报告"的原则进行授权管理。

第八条 全国学会举办大型学术交流活动涉及的住宿、餐饮、场地租赁等有市场公开报价的采购事项，采购价格一般不宜超过公开报价。

第九条 全国学会举办大型学术交流活动涉及的合同事项，原则上应在活动开始前协商签订，并明确双方权利义务关系，约定收付款方式、条件、时间和金额。有条件的全国学会，应提前制定大型学术交流活动主要收支事项的合同范本，规范合同管理。

第十条 全国学会举办大型学术交流活动应据实报销各类费用，不得列支与活动无关支出，不得超预算支出。活动期间遇到计划外的特殊支出事项，应严格履行学会内部审批或授权程序。

第十一条 全国学会举办评比达标表彰活动应按规定报经有关部门批准。全国学会举办评比达标表彰活动一般应在会员范围内开展，坚持"谁举办、谁出钱"的原则，不得以营利为目的，不得将活动委托营利机构主办或承办；不得收取任何费用或变相收取费用，不得在事后组织要求参与对象出钱出物的活动；不得面向基层政府主办，不得超出登记的活动地域、活动领域和业务范围举办。

第十二条 全国学会将大型学术交流活动委托其他组织承办或者协办的，应加强对活动的主导和监督，不得向承办方或者协办方收取任何费用或变相收取费用。

第十三条 全国学会举办大型学术交流活动，不得利用党政机关名义举办，不得进行与收费挂钩的品牌推介、成果发布、论文发表等活动，不得借机变相公款消费、旅游，不得发放礼金、礼品、昂贵纪念品和各种有价证券、支付凭证。确有必要的，可向重要专家赠送单价在200元及以下的纪念品，也可按照对等原则赠送国际组织和国际友人纪念品。

第十四条 全国学会举办大型学术交流活动，应接受登记管理机关、业务主管单位、纪检监察部门和审计机关的监督检查，并在年度工作报告中作为重大业务活动事项进行报告。

第十章　全国学会劳务支出管理

第一条　劳务支出是指全国学会向为本学会提供服务的非雇用关系的个人支付的一次性劳务费，包括咨询费、学术专题报告费、讲课费、评审费、材料撰写费、翻译费、编辑费、编审费、调研费、稿酬（稿费）等。

第二条　全国学会根据自身发展阶段、所从事业务领域等因素自主制定劳务支出标准。按规定记入政府补助收入科目的财政项目资金，在支付劳务费时，应按照国家有关规定和财政项目委托单位制定的劳务支出标准执行。按规定记入政府补助收入科目之外的财政项目资金，财政项目委托单位有明确约定的，应按其约定执行；没有明确约定的，在支付劳务费时，可按照学会自主制定的劳务支出标准执行。

第三条　全国学会应根据章程规定的宗旨和业务范围，按照实际工作需要自主确定劳务费类别，如咨询费、学术专题报告费、讲课费、评审费、材料撰写费、翻译费、编辑费、编审费、调研费等。

第四条　全国学会劳务费发放对象为向本学会提供服务且与本学会未订立劳动合同的专家、在读研究生、访问学者、项目临时人员等。与全国学会订立劳动合同的专（兼）职人员，不应以任何形式在本学会领取劳务费，稿酬（稿费）不在此限。

第五条　在全国学会兼任理事长（会长）、副理事长（副会长）、监事长、监事、秘书长、副秘书长的人员，已在本学会领取薪酬的，不得以任何形式领取劳务费，稿酬（稿费）不在此限；没有在本学会领取薪酬的，也不得以所兼任职务为由领取劳务费，但以专家身份为学会提供兼任职务之外的专业技术或学术交流服务时，可以按规定标准据实领取劳务费。本条款所述兼职人员领取劳务费的情况应向会员（代表）大会公开。其中，党政机关领导干部、退（离）休领导干部、公务员和国有独资企业、国有控股企业（含国有独资金融企业和国有控股金融企业）及其分支机构的领导班子成员，在全国学会兼任本条款所述学会职务的，按规定不得领取任何报酬。

第六条 全国学会支付境内人员劳务费的，应通过本学会银行账户转账；支付境外人员劳务费的，一般应通过本学会银行账户外汇专户办理境外汇款。

第七条 全国学会向诺贝尔奖得主，或者相当于诺贝尔奖的国际知名科技大奖（如菲尔兹奖、图灵奖、狄拉克奖等）得主，国际知名学者、专家等发放劳务费的，应"一事一议"，严格按照本学会财务决策程序报批后执行。

第八条 全国学会应严格按照自主制定的劳务支出标准发放劳务费。未制定劳务支出标准的全国学会，可暂时参考《全国学会劳务支出管理制度（详细版）》的标准发放。

第九条 稿酬（稿费）是指新闻、出版机构在文稿、书稿、译稿采用后付给著译者的劳动报酬。全国学会支付稿酬（稿费）的，应按国家有关规定执行。

第十条 全国学会应在自主制定的《支出报销规范》中分类明确劳务费支出范围、支出标准、报销手续、审批程序、个人所得税代扣代缴要求等。

第十一章　全国学会财务机构与财务人员管理

第一条　全国学会应按规定设置会计机构。有条件的全国学会，可根据学会业务发展需要，设置会计机构，并配备足够数量的专职会计人员；办事机构规模小、业务活动少的全国学会，可配备一名专职出纳，并委托具备资质的中介机构代理记账。

第二条　学会财务部门的职能：

（一）认真贯彻执行国家有关财务管理制度和中国科协财务管理指引大纲等财经管理制度。

（二）建立健全财务管理的各种规章制度，编制财务计划，加强核算管理，定期向学会领导反映、分析财务计划的执行情况，监督检查分支机构执行财务管理制度情况。

（三）积极为学会开展各项工作服务，提高资金使用效率及经济效益。

（四）厉行节约，合理使用资金。

（五）合理归集分配学会收入，及时缴纳税费。

（六）积极配合上级主管部门和财政、税务、银行部门了解、检查学会财务工作，主动提供有关财务资料，如实反映情况。

（七）负责年度财务预决算工作。

（八）负责学会资产管理工作。

（九）完成学会交给的其他工作。

第三条 财务人员配置是指全国学会按照财务管理工作需要，配备具备专业能力的财务人员，并明确其岗位职责权限，对其进行培训和考核的过程。

第四条 全国学会财务部门在财务部门负责人（部长/处长）的领导下，由会计主管、会计和出纳组成。全国学会应按规定设置会计岗位。设置会计机构的全国学会，应按规定合理设置会计岗位，明确各岗位职责权限，可以一人多岗、一岗多人，并指定一名会计主管人员。

第五条 全国学会应执行财务管理不相容职务相互分离的规定。全国学会应明确会计不得兼任出纳，出纳不得兼管稽核、会计档案保管和收入、支出、费用、债权债务账目的登记工作；明确理事会（常务理事会）、监事会成员及其直系亲属不得担任或兼任本学会会计人员；明确办事机构负责人及其直系亲属不得担任或兼任本学会会计人员；明确会计机构负责人、会计主管人员的直系亲属不得在本学会担任出纳。

第六条 全国学会法定代表人应对会计工作和会计资料的真实性、准确性、完整性负责。

第七条 全国学会应支持财务人员提升专业能力。全国学会应严把财务人员选聘、录用关，为财务人员参加业务培训、继续教育等提供更加便利的条件，支持财务人员参加中国科协举办的各类业务培训，全面促进财务人员职业道德和专业能力提升。

第八条 鼓励有条件的全国学会适当提高财务人员薪酬待遇，确保其薪酬标准不低于学会其他业务人员。

第九条 全国学会应按规定制定并严格执行《会计机构管理和会计工作规范》，明确会计岗位轮换要求、财务人员考核评价标准及奖惩机制。

第十二章　全国学会分支机构财务管理

第一条　分支机构是指全国学会根据开展活动的需要，依据业务范围划分或者会员组成的特点而设立的专门从事某项活动的机构。

第二条　全国学会应按规定设置分支机构。全国学会不得设立地域性分支机构，不得在分支机构下再设立分支机构。全国学会分支机构不具有法人资格，法律责任由设立该分支机构的全国学会承担。

第三条　全国学会分支机构开展活动应当符合章程规定的宗旨和业务范围。不得以分支机构名义签订任何形式的经济合同；未经全国学会授权或批准，分支机构不得与其他民事主体开展合作活动；分支机构开展活动需要签订经济合同的，应由全国学会统一签署并加盖全国学会公章（或合同专用章）。

第四条　全国学会应将分支机构全部收支纳入学会账户统一管理、统一核算，不得记入其他单位、组织或个人账户。

第五条　全国学会分支机构不得开设独立的银行账户，不得单独制定会费标准，不得自行接受捐赠收入，不得截留会费收入和捐赠收入。

第六条　全国学会应加强和创新分支机构财务管理。全国学会应鼓励和指导分支机构制定年度活动计划、编制年度预算。

《全国学会财务制度》（范本）

第七条 全国学会不得向其分支机构收取或变相收取管理费用，不得将分支机构委托其他组织运营。

第八条 全国学会应自主制定并严格执行《全国学会分支机构财务管理办法》，明确分支机构财务管理权限责任、报销规范等。

第十三章　全国学会会计档案管理

第一条　会计档案是指全国学会在进行会计核算等过程中接收或形成的，记录和反映单位经济业务事项的具有保存价值的文字、图表等各种形式的会计资料，包括通过计算机等电子设备形成、传输和存储的电子会计档案。

第二条　全国学会应加强会计档案管理，主动接受并配合财政部门、档案行政管理部门、登记管理部门和业务主管部门的监督检查。全国学会的会计凭证（包括原始凭证、记账凭证）、会计账簿（包括总账、明细账、日记账、固定资产卡片及其他辅助性账簿）、财务会计报告（包括月度、季度、半年度、年度财务会计报告）、其他会计资料（包括银行存款余额调节表、银行对账单、纳税申报表、会计档案移交清册、会计档案保管清册、会计档案销毁清册、会计档案鉴定意见书及其他具有保存价值的会计资料）和满足规定条件的电子会计资料必须归档管理。

第三条　全国学会应按规定年限保管会计档案。永久保管的会计档案包括年度财务会计报告、会计档案保管清册、会计档案销毁清册、会计档案鉴定意见书；保管30年的会计档案包括原始凭证、记账凭证、总账、明细账、日记账、其他辅助性账簿、会计档案移交清册；保管10年的会计档案包括月度、季度、半年度财务会计报告，银行存款余额调节表、银行对账单、纳税申报表；固定资产卡片须在固定资产报废清理后保管

5 年。

第四条 全国学会须建立完善并严格执行会计档案交接规范。全国学会会计档案查阅、复制、借出时须严格履行登记手续，严禁篡改和损坏，一般不得对外借出，不得交由学会工作人员放在家中保管。

第五条 全国学会会计机构临时保管会计档案最长不超过 3 年。

第六条 全国学会应定期对已到保管期限的会计档案进行鉴定，并形成会计档案鉴定意见。经鉴定可以销毁的会计档案，应按规定程序销毁。

第十四章 附则

第一条 已纳入中央财政预算管理的全国学会，须严格遵守国家财政管理有关规定。国家财政未作出规定的事项，应参照本制度执行。

第二条 国家相关行政管理部门对本制度涉及事项另行规定的，遵照其相关规定执行。

全国学会财务制度——详细版

《全国学会收入管理制度》

《全国学会支出管理与成本费用管理制度》

《全国学会预算管理制度》

《全国学会投资管理制度》

《全国学会货币资金管理制度》

《全国学会固定资产管理制度》

《全国学会会计核算管理,财务报告与分析,财务监督与财务审计制度》

《全国学会大型学术交流活动财务管理制度》

《全国学会劳务支出管理制度》

《全国学会财务机构与财务人员管理制度》

《全国学会分支机构财务管理制度》

《全国学会会计档案管理制度》

《全国学会收入管理制度》

第一章　总　则

第一条　为加强全国学会（以下简称"学会"）收入管理，明确各类收入（收费）的依据、范围、标准和程序，依据《民间非营利组织会计制度》，结合学会实际情况，制定本规范。

第二条　学会应在国家政策允许的前提下，本着积极筹措、多渠道开辟财源的原则，合理组织收入，为学会活动提供经费保障。学会的各项收入应全部纳入学会财务统一管理、统一核算。学会应将全部收入纳入法定账户统一管理，不得使用其他单位或个人的银行账户进行账务往来。

第三条　收入是指学会在日常业务活动中形成的、会导致净资产增加的经济利益或服务潜力的总流入。学会收入主要包括捐赠收入、会费收入、提供服务收入、政府补助收入、投资收益、商品销售收入等主要业务活动收入和其他收入。学会收入应符合章程规定的宗旨和业务范围。学会对于各项收入应当按是否存在限定区分为限定性收入和非限定性收入进行会计核算。期末，学会应当将本期限定性收入和非限定性收入分别结转至净资产项下的限定性净资产和非限定性净资产。

第四条 除税收相关法律法规规定不予征税或免税的，其他各项收入（收费）都应到指定税务主管部门购领和使用相关税务发票，依法纳税。

（一）会费收入可按规定免征增值税。

（二）接受公益事业捐赠收入可按规定免征增值税。

（三）按规定应记入政府补助收入科目的收入按规定无须缴纳增值税。

（四）按规定核定的预算和经费报领关系收到的由财政部门或上级单位拨入的财政补助收入可按规定不征企业所得税。

第五条 本制度适用于全国学会及其分支机构。

第二章 收入管理总体要求

第六条 收入规范化。

（一）学会应按民间非营利组织会计制度正确核算收入，统一核算，专款专用。学会应按类别及时、完整、准确核算各类收入，不得长期挂账、跨期核算。捐赠收入、会费收入、政府补助收入、经营服务性收入应单独核算。坚持"账钱分管"的原则，建立现金日记账，做到日清、月结、账实相符。学会对承接政府职能转移和政府购买服务的经费，要专款专用，不得违规使用。

（二）收入必须全部用于章程规定的非营利性事业，除列支学会管理、开展业务活动等必要成本及与学会有关的其他合理支出外，盈余不得分配。

（三）经费收入。不得与行政机关及企事业单位混管；学会收入不得用于弥补业务支撑单位和其他行政事业单位经费不足，或发放其他行政事业单位工作人员各项补贴等。

（四）涉企收入。不得违规向企业收费。向企业收取单位会员会费的，应遵循自愿原则，不得强制企业入会、摊派会费；接受企业捐赠的，应遵循自愿、无偿原则，不得向企业派捐索捐；向企业收取经营服务性收费的，应遵循自愿、公平、公开原则，不得向企业强拉赞助。

第七条 收费合规化。

（一）收费应符合章程规定的程序，主要包括会员会费、经营服务性收费等。学会应按照学会收费行为相关规定开展各项收费活动，将其全部纳入法定账户统一管理，严格执行"收支两条线"政策，严禁账外建账、坐收坐支或设立"小金库"。对收入不入账、私分公款、设立"小金库"等行为，应依国家法律法规对相关责任人严肃处理。

（二）应加强收费管理，明确各类收费的依据、范围、标准和程序，明确收费情况信息公开的范围、方式和内容，形成各类应收账款的内部管理规范。

（三）会员会费标准的制定或修改应由会员（代表）大会表决通过，表决采取无记名投票方式进行。会员会费标准的额度应当明确，且不得超过四级，不得具有浮动性。学会向企业收取单位会员会费的，应遵循自愿原则，不得强制企业入会、摊派会费，不得违规向企业收费。

（四）接受捐赠应坚持自愿和无偿原则，且须符合本学会章程规定的宗旨和业务范围，并向捐赠人出具合法有效的公益事业捐赠票据，不得向企业派捐索捐。学会接受大额捐赠时，须与捐赠人订立捐赠合同，捐赠合同约定的用途应当符合章程规定的业务范围。学会接受捐赠情况应纳入信息公开范围，定期向社会公开。

（五）承接科协资助类项目，收到项目资金时应按规定记入政府补助收入科目。

（六）经营服务性收费应遵循自愿、公平、公开的原则，不得具有强制性、垄断性，不得转包或委托与学会负责人、分支机构负责人有直接利益关系的个人或组织实施，不得向企业强拉赞助。收费标准应按要求通过中国科协的官网向社会公示。

（七）不得以行政机关名义或利用行政资源牟利，不得借行政机关的登记、验证、年检等行政行为"搭车"收费，不得利用所掌握的会员信息、行业数据、捐赠人和受赠人信息等进行不当牟利。

（八）建立收费信息集中公示制度。学会按照国家发展改革委关于组织开展收费信息集中公示的要求，依托国家发展改革委、中国人民银行指导，国家信息中心主办的"信息中国"网站的"行业协会商会收费信息公示系统"，集中公示并定期更新收费项目、收费性质、服务内容、收费标准及依据等信息，建立收费信息主动公开长效机制。公示信息接受社会监督，并作为价格监督检查机构开展学会违规收费检查的重要参考依据。

（九）学会涉企收费主要包括会费、捐赠、经营服务性收费等。收取会费应遵循自愿原则，不得强制企业入会、摊派会费；接受捐赠应遵循自愿、无偿原则，不得向企业派捐索捐；收取经营服务性收费应遵循自愿、公平、公开原则，不得强拉赞助，收费标准应向社会公示。

第八条 制定收入标准。根据学会收入标准的设计原则，制定学会的收入标准。界定学会的各项收入科目，明晰收入范围。对收入类科目，按照提供服务的类别与质量，采用市场平均数法制定相应的收入标准。收入标准的设计原则，是为学会健康快速发展提供更好的保障和服务。

（一）严格预算约束。学会开展的所有经济活动都要有预算，加强预算管理，强化预算约束。

（二）明确收入范围。清晰划分学会收入科目的边界，避免业务活动的收入在会计处理上的随意性和会计信息失真。

（三）统一收入标准。这将使学会纵向、横向的数据可比成为可能。

（四）分类分级分区。学会应分项目、分级别、分地区制定有差异的收入标准，并执行分类管理、分级审批的原则。

（五）定期动态调整。学会应根据我国不同地区的经济社会发展水平、市场价格、消费水平等因素，定期对收入标准进行动态调整。

（六）便于监督治理。对各项收入标准的设计，要有利于学会内部经济活动的监督和治理，促进财务管理水平的提升。

第九条 学会按规定开具与经济业务活动相应的发票或财政收据。学会开展经营服务取得的收入，在增值税纳税义务发生时，应开具增值税发票；在向会员收取会费时，应开具社会团体会费票据；暂收、代收性质的财政资金，以及学会内部资金往来结算时，应开具资金往来结算票据；依法接受公益性捐赠的，应在收款时开具公益事业捐赠票据。财务人员凭票入账，并按照国家相关法律规定依法纳税，依法享受税收优惠。学会各项收费，应按规定使用从税务主管部门或相关部门领购的发票及票据，并按规定缴纳税费。根据收入性质，按照财政部发布的《财政票据管理办法》和《中华人民共和国发票管理办法》要求，开具相应的票据。

（一）捐赠收入：开具财政部监（印）制的公益事业捐赠票据。

（二）会费收入：开具财政部监（印）制的全国性社会团体会费票据。

（三）提供服务收入：根据服务合同或协议，开具税务发票，并依法纳税。

（四）政府补助收入：根据项目任务书或相应文件，开具财政部监（印）制的财政往来票据。

（五）其他收入：根据银行利息进账单入账，或开具记账收据。

第三章　会费收入管理

第十条　会费收入是学会按章程及会费管理办法的规定向会员收取的会费，包括单位会员会费、个人会员会费等。会费是学会开展各项活动、为会员提供服务的主要经费来源之一。交纳会费是会员应尽的义务，会员应根据会费标准按时交纳会费。全国学会会员会费标准的制定和修改必须由会员（代表）大会决策。学会应严格按照规定收取会费。

第十一条　学会会员会费标准的制定或修改应由会员（代表）大会采取无记名投票方式进行表决通过；会员会费标准额度明确，不得具有浮动性。学会制定或者修改会费标准，应当召开会员大会或者会员代表大会，应当有 2/3 以上会员或者会员代表出席，并经出席会员或者会员代表 1/2 以上表决通过，表决采取无记名投票方式进行。学会不得采用除会员大会（会员代表大会）以外任何其他形式制定或修改会费标准。学会应当自通过会费标准决议之日起 30 日内，将决议向全体会员公开。

第十二条　会费收取应该使用财政部监制的会费统一票据。除会费以外，其他收费行为均不得使用该票据。学会会员缴纳的会费，通过银行汇入学会账户，学会收到款项进行核对后，开具全国性社会团体会费统一收据。

第十三条　会费的收取标准。社会团体的会费标准，应当依据章程规定的业务范围、工作成本和会员的承受能力合理确定。学会会员一般分为个人会员和单位会员。

（一）个人会员收费标准。根据普通会员、高级会员、国际会员、学生会员等会员级别不同，标准范围基本为50~1000元/人·年（该标准仅供参考，具体收费标准每个学会根据自身情况确定）。

（二）单位会员收费标准。根据单位会员的性质（企业或非企业）及是否为学会的理事单位、常务理事单位、副理事长及以上单位等，标准范围基本为2000~300000元/年（该标准仅供参考，具体收费标准每个学会根据自身情况确定）。

（三）部分学会可结合实际情况对其资深会员、荣誉会员以及代表国家部委、学会以及专业委员会的理事和常务理事免收会费。

第十四条 学会不得以任何形式强制发展会员并收取会费，不得向其分支机构、代表机构、办事机构收取会费或管理费。学会分支（代表）机构不得自行发展会员、制定会费标准并收取会费，分支（代表）机构在学会的授权下依据学会会费标准代学会收取的会费，属于该学会所有，应当缴入学会账户统一核算。

第十五条 加强会费管理。学会收取的会费，应当主要用于为会员提供服务及开展业务活动等支出。收取会费应同时明确所提供的基本服务项目，并向会员公开，严禁只收费不服务。列入学会基本服务项目的，不得再另行向会员收取费用。会费应设立专账管理，向会员公布年度收支情况并自觉接受监督。会费不得重复收取，学会及其专委会不得向同一家会员（个人或单位）分别收取会费。专委会不得单独制定会费标准。

《全国学会财务制度》（范本）

第四章　捐赠收入管理

第十六条　捐赠收入是指接受国内外有关团体、单位、个人捐赠和资助所取得的收入，包括现金、实物及其他有价证券等。捐赠收入按照接受捐赠和资助时，是否受到时间或（和）用途限制可分为非限定性收入和限定性收入。全国学会接受捐赠情况应主动定期向社会公开。全国学会接受大额捐赠必须由会员（代表）大会或理事会（常务理事会）决策。大额捐赠的限额标准由全国学会按重大财务事项的决策程序自主确定。

第十七条　学会接受社会各界捐赠要坚持自愿和无偿的原则，且须符合学会章程规定的宗旨和业务范围，并向捐赠人出具合法有效的公益事业捐赠票据，禁止强行或者变相摊派，也不能设置有损国家和集体利益的交换条件。学会接受大额捐赠，必须与捐赠人订立捐赠合同，捐赠合同约定的用途应当符合章程规定的业务范围，并向捐赠人出具财政部监制的公益事业捐赠统一票据。捐赠所得必须用于合同约定的用途，并向捐赠人公开捐赠资金使用情况。

第十八条　学会分支（代表）机构经学会授权可以代表学会接受捐赠收入，捐赠收入应当及时缴入学会账户统一核算。分支（代表）机构不得自行接受捐赠收入，不得截留捐赠收入。学会接受境外捐赠时，必须经业务主管单位同意，并报有关部门和登记管理机关备案。对于国外组织和个人的捐赠（包括实物），学会应向登记管理机关提交有关捐赠文件的副本和清单。

第十九条　对收到的实物捐赠，须经学会验收确认，由捐赠人提供发票、报关单或其他确认价值的证明等凭据，确认公允价值后，开具捐赠票据给捐赠单位或个人。对收到的固定资产、股权、无形资产、文物文化资产等，捐赠人无法提供入账依据的，以具有合法资质的第三方机构的评估作为确认入账价值的依据。无法评估或确认价值的，不记入捐赠收入，不开具捐赠票据。对收到的现金捐赠，在确认款项汇入指定银行账户后，依法开具公益事业捐赠统一票据。

第五章　商品销售收入管理

第二十条　商品销售收入是指学会销售商品（如出版物等）所形成的收入。

第二十一条　学会的商品销售收入一般为非限定性收入，除非相关资源提供者对资产的使用设置了限制。学会应当在满足规定的收入确认条件时确认商品销售收入，具体核算办法与企业会计制度一致。

第二十二条　销售出版物收入是学会销售商品（如学术刊物、科普书刊、科技书籍、报刊和音像制品等出版物）以及数字化图书馆收费等所形成的收入。学会的出版物分为公开发行和内部刊物两种。公开发行出版物一般由报刊发行局通过全国邮政系统进行发行及回款，或通过图书发行部门以及期刊/杂志社自办发行。回款大部分属于预收款性质，根据收入与成本配比原则，学会商品销售出版物收入的确认依赖于成本的归集，即出版物销售收入根据出版物成本按期确认。内部刊物一般向会员赠阅或收取适量资料费。资料费收入用于弥补内部刊物的生产成本。

《全国学会财务制度》（范本）

第六章 提供服务收入管理

第二十三条 提供服务收入是指学会根据章程等的规定在核准的业务范围内开展活动或者向其服务对象提供服务取得的收入，包括但不限于鉴定业务收入、咨询业务收入、会议会展收入、科技开发与技术转让收入、科普培训收入等。

第二十四条 学会经营服务性收费应遵循自愿、公平、公开的原则，不得具有强制性、垄断性，不得转包或委托与学会负责人、分支机构负责人有直接利益关系的个人或组织实施，收费标准应向社会公示。社会组织取得的各项应税收入，必须按照税收法律、行政法规等规定办理纳税申报。

（一）咨询业务收入是学会为委托方的经济活动进行咨询并提供意见而取得的收入。咨询服务性收费应根据工作量和技术难易程度等收取费用，由学会和委托单位协商，通过签订合同确定。固定定价的咨询服务性收费，收费标准应经理事会审定通过。学会根据章程规定，在宗旨和核准的业务范围内按照自愿有偿服务的原则提供鉴定、咨询、科技开发与技术转让、科普培训等服务的收费应实行市场调节价，按照公开、合法、诚实守信的原则，公允确定并公开收费标准，提供质价相符的服务。一般应按照提供服务前与委托人（被服务单位或个人）在合同或协议中约定的金额确认，不得强制服务并收费。学会对鉴定、咨询、科技开发与技术转让、科普培训等业务提供服务实行计时收费方式，即按照提供服务所需工作人日数和每个工作人日收费标准收取服务费用。工作人日数根据提供服务的性质、责任大小、繁简程度等确定；每个工作人日收费标准根据各职级人员的专业技能水平、提供服务的质量等分别确定。学会开展与其相关的咨询服务，应与相关单位签订经济合同，收入款项通过银行汇入学会账号。

（二）鉴定业务收入是指学会凭借其专业资质，为委托方的经济活动及有关资料进行鉴定，并发表具有证明力的意见而取得的收入。

（三）认证业务收入是学会作为国家认可的认证机构，提供证明一个组织的产品、服务、管理体系符合相关标准、技术规范所取得的收入。

（四）会议会展收入是指学会召开会议时举办展览、展示、广告等活动所取得的收入。招商招展收入是会议举办单位在会议期间展示产品、交流技术与出版物而向赞助商收取的宣传赞助商的相关项目费用以及向参展商（单位或个人）收取的展位费用等。通常，学术会议的赞助商可以分为几个级别，双方合作费用不等。学会可以参照国家有关规定，根据不同地区的经济社会发展水平、市场价格、消费水平以及提供服务的质量等情况，适时适度调整招商招展收入的相关标准。

（五）科技开发与技术转让收入是指学会为委托方从事科技开发业务而取得的收入或签订技术转让合同而取得的收入。

（六）科普培训收入是指学会为委托方从事科技开发业务而取得的收入或签订技术转让合同而取得的收入。

（七）在线教育收入是指学会通过应用信息科技和互联网技术进行内容传播和线上学习所取得的收入。

（八）会议注册收入是指根据国际惯例，由会议举办单位向参会代表收取的用于会议期间的论文版面费、资料包、会议指南、用餐支出等费用。会议注册费收费标准应按提供的服务、会议规模、与会人员成果共享共同分担的原则来测算，应至少能承担会议的基本费用。会议注册费一般按参会代表分类收取，会员相较于非会员享受"会员价"，在规定日期前或几个以上的集体注册都能享有一定的折扣。学会可以根据举办会议的性质和提供服务的水平制定会议注册费标准。制定原则是：无论在举办会议时是否开展招商招展活动，会议注册费收入应能承担会议的基本费用。由学会主办、各分支机构承办的各类会议（活动）如需收取相关费用，在申报会议（活动）计划时一同报请学会审批，会议（活动）结束后由学会统一开具增值税发票。

第七章　政府补助收入管理

第二十五条　政府补助收入是学会接受政府拨款或者政府机构给予的补助而取得的收入。政府补助收入按照接受政府拨款和补助时，是否受到时间或（和）用途限制可分为非限定性收入和限定性收入。

第二十六条　政府补助收入属于非交换性交易收入。满足条件时，确认政府补助收入。无法满足限制条件从而需要向政府退还政府补助款项时，作为管理费用，而不冲减已确认的政府补助收入。

第二十七条　一般情况下，学会政府补助收入按规定无须缴纳增值税，但学会取得的与自身销售货物、劳务、服务、无形资产、不动产的收入或者数量直接挂钩的财政补贴收入，须按规定计算缴纳增值税。

第八章　投资收益管理

第二十八条　投资收益是指学会对外投资所取得的投资净损益。

第二十九条　学会为获取更多投资收益，可将闲置资金对外投资。学会对外投资须经常务理事会审议批准，对外投资还需按对外投资管理程序上报批准。

第三十条　学会按规定取得参与设立实体的投资收益。学会经过有关部门批准，参与设立研究院（所）、学校、杂志社、中心等实体，按公司法等相关规定取得上述实体相应的投资收益。

第九章　其他收入管理

第三十一条　其他收入是指学会确实无法支付的应付款项、存货盘盈、固定资产盘盈、固定资产处置净收入、无形资产处置净收入、赞助等其他收入项目。赞助一般记入其他收入科目，赞助不具有无偿性。

第三十二条　通常学会的其他收入属于非限定性收入，除非相关资产提供者对资产的使用设置了限制。

第十章　附则

第三十三条　本制度由学会财务部门负责解释并监督执行。

第三十四条　本制度自印发之日起执行。

《全国学会支出管理与成本费用管理制度》

第一章　总则

第一条　为规范全国学会（以下简称"学会"）财经行为，强化支出报销管理，提高资金使用效益，保障学会事业发展，明确各主要类别支出的内容、标准、报销程序、审批权限，明确不予报销的事项，依据《民间非营利组织会计制度》，结合学会实际情况，制定本制度。

第二条　支出是指学会在日常活动中发生的现金流出。现金包括库存现金、银行存款和其他货币资金等。学会应自主制定主要支出事项的标准（包括劳务费标准）并严格执行，但承接财政项目获得的资金，在支出时要视具体情况认真进行区分。学会属于非营利组织，其收入除用于组织管理成本和其他合理支出外，必须全部用于章程规定的非营利性事业，盈余不得分配。

第三条　学会的资金支出范围包括：

（一）业务活动成本：开展业务活动（会员代表大会等各类工作会议、学术会议、咨询会议、评价鉴定会议、党建、培训、科普、国际交流、科技奖励、会员服务、各类项目、广告宣传、出版印刷等）所发生的费用（会议费、差旅费及相关的专家费、劳务费等支出）。

（二）管理费用：工作人员薪酬福利、社保公积金、办公用房、办公设备、办公软件、办公用品、通信费用等与具体业务活动无关的行政办公费用。学会应按规定为专职工作人员缴存社会保险和住房公积金，有条件的还应为专职工作人员建立企业年金及其他补充保险。学会专职工作人员的薪酬一般由基本工资、绩效工资、津贴和补贴等部分构成。

（三）其他费用：税费等其他可能的支出。

第四条 学会不予报销的支出事项包括：燕窝、鱼翅等高档菜肴，用野生保护动物制作的菜肴；烟酒、土特产品、烟花爆竹、年历等物品；花卉、水果、年货节礼（不含慰问离退休人员、老专家，以及发放正常职工福利）；贺卡、明信片、礼品、纪念品（不含赠送重要专家的单价在200元及以下的，以及按照对等原则赠送国际组织和国际友人的贺卡、明信片、礼品、纪念品）；旅游、健身和高消费娱乐活动；违反规定到风景名胜区举办会议和活动发生的费用；其他不予报销事项（如个人因私消费事项等）；超出章程规定的宗旨和业务范围的支出事项。

第五条 学会捐赠支出应符合捐赠合同约定的范围和事项支出，专款专用、专账管理，并与捐赠收入配比。学会接受捐赠、资助，应符合章程规定的宗旨和业务范围，并根据与捐赠人、资助人约定的期限、方式和用途使用。

第六条 学会会员会费支出应主要用于会员服务的成本支出。

第七条 学会政府补助收入科目的财政项目资金，在支出时须严格按照国家有关规定和财政项目委托单位制定的支出标准执行。按规定记入全国学会政府补助收入科目之外的财政项目资金，与财政项目委托单位有明确约定的，在支出时按约定执行；与财政项目委托单位没有明确约定的，在支出时按学会标准执行。

第八条 分支机构财务收支账目由学会财务部门依照学会财务管理条例统一管理，分别进行独立核算。

第九条 学会各项业务活动、会议或项目视金额大小及管理要求，按具体情况确定是否单独核算。

第十条 严禁"公款私存"，防范挪用公款、贪污现象滋生。

第十一条 按照《现金管理暂行条例》规定，超过1000元的支出不可使用现金结算。

第二章　会员会费支出管理

第十二条 根据学会章程的规定，学会会费的管理与使用应当遵守国家法律、法规及财务管理制度，厉行节约，加强审计，并接受中国科协、民政部和财政部门的监督。

第十三条 会费主要用于学会章程规定的业务范围和事业发展及其他为会员提供的相关服务。具体使用范围为：

（一）学会业务活动的支出，如工作会、理事会、常务理事会以及学会组织的大型活动等的补贴。

（二）奖励基金：每年会费的10%（该标准仅供参考）作为学会设立的各项奖励基金。

（三）为会员服务的费用，如学会的网站、通信设备、资料等。

（四）办公费，如办公室的水电费、通信费、网络使用费、设备维修费以及办公耗材等。

（五）管理费用，如学会办公室工作人员的工资及福利费（包括支撑单位规定的福利费）、学会专兼职人员劳务费、交通费、差旅费、招待费等。

第十四条 会费的使用本着合理计划、办事从俭、有效使用的原则。使用遵循各项财务管理制度，并以适当形式公布，接受会员查询和有关部门审计。会费具体支出，由理事长签批后列支；重大事项的会费支出经理事会会议讨论后决定。

第十五条 会费使用必须遵循财务制度，不得将会费与业务主管单位及所属单位经费混管，不得用于弥补经费不足或发放机关工作人员各项补贴，不得在会员中分配。收取会费须开具财政部门印（监）制的社会团体会费票据。

第十六条 会费使用的监督管理：

（一）会费标准经会员代表大会通过后向全体会员公开。

（二）学会收到会员上交的会费后，即开具国家财政部监制的全国性社会团体会费统一收据。

（三）学会财务转账中设定会费收支账目，按照国家规定的财务制度和管理办法，对会费进行管理。

（四）学会每年社团年检时，应向民政部报告年度会费的收支情况。接受登记管理机关和财政部门对社会团体会费收支情况加强监督检查，发现问题及时处理。

（五）年度会费的收支情况应向理事会和常务理事会报告，向会员代表大会报告，接受会员代表大会的审查。

（六）学会换届时接受审计。

第三章　会议经费支出管理

第十七条　本章所述会议经费指，学会组织召开或委托各二级机构组织召开的各类工作会议和评审会议，如会员（代表）大会、理事（常务理事）会、理事长办公会、党员（代表）大会、党委会、秘书长联席会/沙龙、秘书长办公会、秘书处例会等，以及学会在章程规定的宗旨和业务范围内组织召开或委托各二级机构组织召开的各类学术交流活动，如学术会议、科学普及传播、人才技术培训等活动中产生的住宿费、伙食费、会议场地租金、搭建费、电费、交通费、文件印刷费、办公用品费、医药费等与会议活动相关的各类费用；国际会议可列支同声传译费及设备租金。

第十八条　学会召开各类会议应符合章程规定的宗旨和业务范围，且严格贯彻落实中央"八项规定"精神，坚持厉行节约、勤俭办事，不得铺张浪费。

第十九条　学会组织召开的各类会议实施预算管理。应提前制定活动计划，合理确定活动规模，从严控制活动成本，努力提高活动资金使用效益。

第二十条　学会以主办单位、协办单位、支持单位、参与单位、指导单位等方式开展合作活动的，应当切实履行相关职责，加强对活动全程监管，不得以挂名方式参与合作。

第二十一条　学术交流活动有多个主办、承办单位的，应以书面协议方式确定相关权利义务。学会作为主办单位时，应当对活动收入如实入账，不得向承办方或协办方以任何形式收取费用。活动的收支核算应符合会计制度和账户管理规定，严格执行"收支两条线"规定，不得坐收坐支，不得账外核算，杜绝"小金库"。

第二十二条 在举办大型学术交流活动前，公开活动收费范围、标准，且不得随意更改，活动期间不得以任何形式强制服务和强制收费。

第二十三条 学会组织召开的各类工作性会议，如理事会、常务理事会、理事长办公会等，由学会统一收支，不收取参会代表会议费用，原则上人均每天会议费定额标准（住宿费、伙食费、会议场地租金、交通费、文件印刷费、医药费等）不超过760元（该标准仅供参考）。下列费用不记入会议费综合定额，从相应的科目中据实列支：

（一）会议代表差旅费。会议代表参加会议发生的城市间交通费，按照差旅费管理办法的规定回单位报销。确因会议需要，邀请专家、学者和有关人员参加会议，应由会议组委会提名，经秘书长批准后方可执行，对照学会相应标准在差旅费中报销。

（二）向邀请参会专家发放的咨询费、评审费、讲课费和劳务费，在业务活动费中报销。

第二十四条 学术交流活动根据实际情况及预算方案执行，不设定额限制。但涉及的采购事项，原则上采取竞争性方式确定供应商，其中技术复杂的应引入专家论证、第三方评估等机制。住宿、餐饮、场地租赁等有市场公开报价的采购事项，采购价格一般不宜超过公开报价。5000元以上（该标准仅供参考）支出需进行三方比价，按照"事前授权、事后报告"的原则进行授权管理；5万元以上（该标准仅供参考）大额支出参考政府采购规定的公开招标、邀请招标、竞争性磋商、竞争性谈判、询价、单一来源等采购方式，简化操作程序、优化内部流程。

第二十五条 如邀请外籍专家参会，一般只负责国内落地后费用，如需负责路费，只负责经济舱往返机票费（院士可享受头等舱），对照学会相应标准在招待费中报销。

第二十六条 会议活动涉及的合同事项，原则上应在活动开始前协商签订，并明确双方权利义务关系，约定收付款方式、条件、时间和金额。

第二十七条 各项会议结束后，应及时汇总各项资料和票据，填写报销单据，统一办理报销手续。会议费报销时，除会议费原始发票外，应当提供会议通知、会议人员签到表、会议酒店等会议服务单位提供的费用原始明细单据、电子结算单、委托代理合同（协议）等资料。会议支出原则上一次性报销完毕。各二级机构、各部门应据实报销各类费用，不得列支与会议活动无关支出，不得超预算支出。会议活动期间遇到计划外的特殊支出事项，应由组委会上报秘书长/理事长，严格履行学会内部审批程序。财务部门严格按规定审核会议费开支，对未经过审批、超范围、超标准的开支不予报销。

第二十八条 学会举办评比达标表彰活动按规定报经有关部门批准。在会员范围内开展，坚持谁举办、谁出钱的原则，不得以营利为目的，不得将活动委托营利机构主办或承办；不得收取任何费用或变相收取费用，不得在事后组织要求参与对象出钱出物的活动；不得面向基层政府主办，不得超出登记的活动地域、活动领域和业务范围举办。

第二十九条 学会将大型学术交流活动委托其他组织承办或者协办的，应加强对活动的主导和监督，不得向承办方或者协办方收取任何费用或变相收取费用。

第三十条 学会举办大型学术交流活动，不得利用党政机关名义举办，不得进行与收费挂钩的品牌推介、成果发布、论文发表等活动，不得借机变相公款消费、旅游，不得发放礼金、礼品、昂贵纪念品和各种有价证券、支付凭证。

第三十一条 学会举办大型学术交流活动，接受学会监事会、民政部、中国科协的监督检查，并在年度工作报告中作为重大业务活动事项进行报告。

第四章　培训费支出管理

第一节　总则

第三十二条　本制度所称培训，是指全国学会根据学会需要，各分支机构进行的短期的业务指导，促进各专业委员会培养高层次人才而举办的六个月以内的专业培训。

第三十三条　各专业委员会所举办的培训应当坚持厉行节约、反对浪费的原则，实行学会内部统一管理，增强培训计划的科学性和严肃性，增强培训项目的针对性和实效性，保证培训质量，节约培训资源，提高培训经费使用效益。

第二节　计划和备案管理

第三十四条　建立健全培训计划编报和审批制度。各专业委员会制订的年度培训计划（包括培训名称、目的、对象、内容、时间、地点、参训人数、所需经费及列支渠道等），报总会领导审核，经总会办公会议批准后施行。

第三十五条　年度培训计划一经批准，原则上不得调整。因工作需要确需临时增加培训项目的，报学会主要负责同志审批。

第三十六条　各专业委员会年度培训计划应于每年12月31日前上报总会。

第三节　开支范围和标准

第三十七条　本制度所称培训费，是指各专业委员会开展的与培训直接发生的各项费用支出，包括师资费、住宿费、伙食费、培训场地费、培训资料费、交通费以及其他费用。

（一）师资费是指聘请师资授课发生的费用，包括授课老师讲课费、住宿费、伙食费、城市间交通费等。

（二）住宿费是指参训人员及工作人员培训期间发生的租住房间的费用。

（三）伙食费是指参训人员及工作人员培训期间发生的用餐费用。

（四）培训场地费是指用于培训的会议室或教室租金。

（五）培训资料费是指培训期间必要的资料及办公用品费。

（六）交通费是指用于培训所需的人员接送以及与培训有关的考察、调研等发生的交通支出。

（七）其他费用是指现场教学费、设备租赁费、文体活动费、医药费等与培训有关的其他支出。参加教育人员及参加培训人员往返及异地教学发生的城市间交通费，各组织培训的专委会可根据本专业委员会的经费情况为参加培训人员报销交通费（该做法仅供参考），也可按照中央和国家机关差旅费有关规定回单位报销。

第三十八条　除师资费外，培训费实行分类综合定额标准，分项核定、总额控制，各项费用之间可以调剂使用。综合定额标准是相关费用开支的上限。各单位应在综合定额标准以内结算报销。30 天以内（该标准仅供参考）的培训按照综合定额标准控制；超过 30 天的培训，超过天数按照综合定额标准的 70%（该标准仅供参考）控制。上述天数含报到撤离时间，报到和撤离时间分别不得超过 1 天。

第三十九条 师资费在综合定额标准外单独核算。

（一）讲课费（税后）执行以下标准：副高级技术职称专业人员每学时最高不超过 500 元，正高级技术职称专业人员每学时最高不超过 1000 元，院士、全国知名专家每学时一般不超过 1500 元。讲课费按实际发生的学时计算，每半天最多按 4 学时计算。其他人员讲课费参照上述标准执行。为多班次一并授课的，不重复计算讲课费。

（二）授课老师及参训人员的城市间交通费可按照第三十七条规定自行决定，也可按照中央和国家机关差旅费有关规定和标准执行。住宿费、伙食费按照本制度标准执行，原则上由培训举办单位承担（该做法仅供参考）。

（三）培训工作确有需要从异地（含境外）邀请授课老师，路途时间较长的，经单位主要负责同志书面批准，讲课费可以适当增加。

第四节　培训组织

第四十条 各专业委员会举办的培训，原则上可下延至市、县及以下。

第四十一条 各专业委员会开展培训，应当在开支范围和标准内可选择本单位或者和其他单位合办。

第四十二条 组织培训的工作人员控制在参训人员数量的 10% 以内（该标准仅供参考），最多不超过 10 人（该标准仅供参考）。

第四十三条 严禁借培训名义安排公款旅游；严禁借培训名义组织会餐或安排宴请；严禁组织高消费娱乐健身活动；严禁使用培训费购置电脑、复印机、打印机、传真机等固定资产以及开支与培训无关的其他费用；严禁在培训费中列支公务接待费；严禁套取培训费设立"小金库"。培训住宿不得安排高档套房，不得额外配发洗漱用品；培训用餐不得上高档菜肴，不得提供烟酒；除必要的现场教学外，短期的培训不得组织调研、考察、参观。

第四十四条 邀请境外师资讲课，须严格按照有关外事管理规定，履行审批手续。境内师资能够满足培训需要的，不得邀请境外师资。

第四十五条 培训举办的各专业委员会应当注重教学设计和质量评估，通过需求调研、课程设计和开发、专家论证、评估反馈等环节，推进培训工作科学化、精准化；注重运用大数据、"互联网+"等现代信息技术手段开展培训和管理。

第五节 报销结算

第四十六条 学会用财政资金举办培训的（含部分使用财政资金），培训费报销需要培训发票及明细单据、委托合同、培训通知、培训日程、实际参训人员签到表、讲课费签收单或合同等原始凭证，并确保审批手续齐全，且符合《中央和国家机关培训费管理办法》规定的支出标准。学会用其他资金举办培训的，可按自主制定培训费支出标准执行，并参照上述要求提供原始凭证。报销培训费，综合定额范围内的，应当提供培训计划审批文件、培训通知、实际参训人员签到表以及培训机构出具的收款票据、费用明细等凭证；师资费范围内的，应当提供讲课费签收单或合同，异地授课的城市间交通费、住宿费、伙食费按照差旅费报销办法提供相关凭据；执行中经单位主要负责同志批准临时增加的培训项目，还应提供单位主要负责同志审批材料。学会财务部门应当严格按照规定审核培训费开支，对未履行审批备案程序的培训，以及超范围、超标准开支的费用不予报销。

第四十七条 培训费的资金支付应当执行集中支付和有关制度规定。

第四十八条 培训费由举办培训的各专业委员会承担，不得向参训人员收取任何费用。

第六节　监督检查

第四十九条 总会对有关专业委员会对培训活动和培训费管理使用情况进行监督检查。主要内容包括：

（一）培训计划的编报是否符合规定；

（二）临时增加培训计划是否报单位主要负责同志审批；

（三）培训费开支范围和开支标准是否符合规定；

（四）培训费报销和支付是否符合规定；

（五）是否存在虚报培训费用的行为；

（六）是否存在向参训人员收费的行为；

（七）是否存在奢侈浪费现象；

（八）是否存在其他违反本制度的行为。

第五十条 对于检查中发现的违反本制度的行为，由总会责令其改正，追回资金，并在总会理事会上予以通报。情节严重的，涉嫌违法的，移交司法机关处理。

第五章　国内差旅费支出管理

第一节　总则

第五十一条　为加强和规范学会国内差旅费管理，推进厉行节约、反对浪费，根据《党政机关厉行节约反对浪费条例》《中央和国家机关差旅费管理办法》，结合学会实际制定本制度。

第五十二条　差旅费是指工作人员临时到常驻地以外地区公务出差回学会应报销所发生的城市间交通费、住宿费、伙食补助费和市内交通费。工作人员外出参加会议、培训等，由举办单位统一安排食宿及城市间交通费的，由举办单位按照规定报销。不参照本制度执行。

第五十三条　学会公务出差必须按规定报经学会有关领导批准并填写《学会人员出差审批单》，从严控制出差人数和天数；严格差旅费预算管理，控制差旅费支出规模；严禁无实质内容、无明确公务目的的差旅活动，严禁以任何名义和方式变相旅游，严禁异地部门间无实质内容的学习交流和考察调研。

第五十四条　学会按照分地区、分级别、分项目的原则制定差旅费标准，并根据经济社会发展水平、市场价格及消费水平变动情况适时调整。

第二节　城市间交通费

第五十五条　城市间交通费是指工作人员因公到常驻地以外地区出差

《全国学会财务制度》（范本）

乘坐火车、轮船、飞机等交通工具所发生的费用。

第五十六条　出差人员应当按规定等级乘坐交通工具。乘坐交通工具的等级见下表：

交通工具级别 / 学会任职前职务	火车（含高铁、动车、全列软席列车）	轮船（不包括旅游船）	飞机	其他交通工具（不包括出租小汽车）
部级及相当职务人员	火车软席（软座、软卧），高铁/动车商务座，全列软席列车一等软座	一等舱	头等舱	凭据报销
司局级及相当职务人员	火车软席（软座、软卧），高铁/动车一等座，全列软席列车一等软座	二等舱	经济舱	凭据报销
其余人员	火车硬席（硬座、硬卧），高铁/动车二等座，全列软席列车二等软座	三等舱	经济舱	凭据报销

第五十七条　到出差目的地有多种交通工具可选择时，出差人员在不影响公务、确保安全的前提下，应当选乘经济便捷的交通工具。

第五十八条　乘坐飞机的，民航发展基金、燃油附加费可以凭据报销。

第五十九条　乘坐飞机、火车、轮船等交通工具的，每人次可以购买交通意外保险一份。所在单位统一购买交通意外保险的，不再重复购买。

第三节　住宿费

第六十条　住宿费是指工作人员因公出差期间入住宾馆（包括饭店、招待所，下同）发生的房租费用。

第六十一条　学会根据财政部关于分地区制定住宿费限额标准执行。对于住宿价格季节性变化明显的城市，住宿费限额标准在旺季可适当上浮一定比例。

第六十二条　出差人员应坚持勤俭节约的原则，根据职级对应的住宿标准自行选择宾馆住宿（不分房型），在限额内据实报销。

第六十三条　其他人员应当在职务级别对应的住宿费标准限额内，选择安全、经济、便捷的宾馆住宿。

第四节　伙食补助费

第六十四条　伙食补助费是指对工作人员在因公出差期间给予的伙食补助费用。

第六十五条　伙食补助费按出差自然（日历）天数计算，按规定标准包干使用，特殊情况经学会领导批准后可凭据报销。

第六十六条　学会根据财政部关于分地区制定伙食补助费标准、结合学会具体工作人员实际，其出差伙食补助标准（该标准仅供参考）为：一类地区，即北京、上海、天津、重庆以及各省会城市，沿海地区城市，每人每天补助160元；二类地区，即一类地区以外的其他地区，每人每天补助120元。

第五节　市内交通费

第六十七条　市内交通费是指工作人员因公出差期间发生的市内交通费用。

第六十八条　市内交通费按出差自然（日历）天数计算，每人每天

100元包干使用或在不超过标准范围内凭据报销。

第六节　报销管理

第六十九条　出差人员应当严格按规定开支差旅费，凭实际票据报销费用，已由相关单位承担的，学会不再予以报销。

第七十条　城市间交通费按乘坐交通工具的等级凭据报销，订票费、经批准发生的签转或退票费、交通意外保险费凭据报销。

第七十一条　住宿费在标准限额之内凭发票据实报销。

第七十二条　伙食补助费、市内交通费按出差自然天数及标准予以补贴。

第七十三条　工作人员出差结束后应当及时办理报销手续。差旅费报销时应当提供出差审批单、机票、车票、住宿费发票等凭证。住宿费、机票支出等按规定用网银结算支付。

第七十四条　财务部门应当严格按规定审核差旅费开支，对未经批准出差以及超范围、超标准开支的费用不予报销。

第七节　监督问责

第七十五条　学会应当加强对工作人员出差活动和经费报销的内控管理。相关领导、财务人员等对差旅费报销进行审核把关，确保票据来源合法，内容真实完整、合规。对未经批准擅自出差、不按规定开支和报销差旅费的人员进行严肃处理。本学会应当自觉接受审计部门对出差活动及相关经费支出的审计监督。

第七十六条　本学会会同上级审计单位对有关本学会出差人员差旅费

管理和使用情况进行监督检查。主要内容包括：

（一）单位差旅审批制度是否健全，出差活动是否按规定履行审批手续；

（二）差旅费开支范围和标准是否符合规定；

（三）差旅费报销是否符合规定；

（四）差旅费管理和使用的其他情况。

第七十七条 出差人员不得向接待单位提出正常公务活动以外的要求，不得在出差期间接受违反规定用公款支付的宴请、游览和非工作需要的参观，不得接受礼品、礼金和土特产品等。

第七十八条 违反本制度规定，有下列行为之一的，依法依规追究相关单位和人员的责任：

（一）单位无出差审批制度或出差审批控制不严的；

（二）虚报冒领差旅费的；

（三）擅自扩大差旅费开支范围和提高开支标准的；

（四）不按规定报销差旅费的；

（五）其他违反本制度行为的。

第六章　薪酬支出管理

第七十九条 薪酬标准要体现学会的非营利性。

（一）学会对内部薪酬分配享有自主权，按规定自主制定学会工作人员薪酬标准，充分体现学会的非营利性。

（二）建立薪酬水平正常增长机制。薪酬水平应与办事机构所在地的经济发展水平相协调、与学会事业发展相适应。

（三）实行岗位绩效工资制。将绩效工资与其个人业绩紧密挂钩，科学评价不同岗位人员的贡献，合理拉开收入差距，做到收入能增能减和奖惩分明。

（四）合理设置不同岗位、不同层级之间的薪酬结构。对关键岗位和核心人才，以及有突出贡献的学会工作人员加大激励力度。

（五）非市场化选聘和管理的负责人（包括组织委派）工资水平不得超过上一年度本学会专职工作人员平均工资的4倍。

第八十条 按相关规定加强薪酬管理。

（一）行政管理人员的薪酬列入管理费用，不得列入业务活动成本。

（二）向学会工作人员支付工资时，应提供工资清单。

（三）按规定为学会专职工作人员缴存社会保险和住房公积金。有条件的，应为学会专职工作人员建立企业年金及其他补充保险。

（四）严格执行国家规定的劳动定额标准。学会安排工作人员加班的，应当给予相应的补休，不能补休的应按照国家有关规定支付加班费。

第八十一条 鼓励提高专职工作人员薪酬水平。

（一）专职工作人员的薪酬一般由基本工资、绩效工资、津贴和补贴等部分构成。

（二）鼓励有条件的学会根据办事机构所在地上一年度城镇单位就业人员平均工资水平确定学会专职工作人员起薪水平。

（三）与专职工作人员平等协商，在协商一致的基础上签订劳动合同。对于通过市场化选聘和管理的学会办事机构负责人、引进的急需紧缺专业人才的薪酬水平，可结合学会自身发展实际，参照市场的人力资源部门公布的薪酬水平或双方协商确定。

（四）在学会工作的劳务派遣人员、纳入行政事业编制人员的薪酬按国家相关规定执行。

第七章 支出报销管理

第八十二条 各处室必须按授权批准的范围、权限、程序办理经费支出，行使职权，承担责任。

第八十三条 经费支出管理要求：

（一）各部门在报销费用时，要保证报销票据的真实性、准确性，过期发票、假发票等，一律不予报销。报销时应如实、准确、完整地填写报销单，报销单不得随意涂改。

（二）各部门购置政府采购目录规定的商品和服务，应实行政府采购，按有关规定执行。

（三）除提供原始单据外，报销时还需提供以下附件：

1. 购置办公用品和图书资料应开具明细发票或附加盖销售单位财务章（合同章）的明细清单。纳入政府采购范围的，还须附政府采购验收单等。

2. 印刷费应附相关合同、协议或明细清单。纳入政府采购范围的，还须附政府采购验收单等。

3. 办公用房和职工住房取暖费、物业管理费应附明细清单等。

4. 会议费应附会议通知、会议预算、政府采购电子结算单、会议决算、参会人员签到表等（参照会议、培训费经费管理办法执行）。

5. 劳务费应附明细表，列明领款人姓名、工作单位、身份证号码、发放金额，并由领款人签字。领款人因故无法签字的，可由他人或经办人代签。

6. 医药费应附药品底方和收费明细单，单项检查 200 元以上的项目、住院费应附检查项目、住院医药费结算明细清单等。

7. 购置办公设备、办公家具、交通工具、信息网络等资本性支出应附政府采购验收单等。

8. 其他支出由财务处根据实际情况确定须提供附件内容等。

第八十四条　车辆应统一到定点场所维修，送修人按规定程序送修并验收。报销时，送修人须将《中央国家机关汽车定点维修单》第一联和发票等单据作为原始凭证，填写报销单据，经办公室主任签字确认后，报分管主任审批。

第八十五条　各项借款应及时报账。原则上现金借款不得超过 10 个工作日，领用支票不得超过 5 个工作日。学会职工除公务支出、医疗住院押金可借用公款外，财务处不办理其他私人借款。经批准出差的同志，须提前两天向财务处申请借款，出差返回后十天内按规定报销，同时结清借款。前次借款不结清的，财务部门不得再次借款，并限期还清借款。

第八章　成本费用管理

第八十六条　费用（成本）是指学会为开展业务活动所发生的、导致本期净资产减少的经济利益或者服务潜力的流出。具体包括：业务活动成本，即学会为了实现其业务活动目标、开展其项目活动或者提供服务所发生的费用。包括：项目人员的工资福利、劳务费、专家费等；为立项、执行公益项目发生的差旅费、交通费、会议费等；为宣传、推广公益项目发生的广告费、购买服务费等；因项目需要租赁房屋、购买固定资产费用等；为开展项目需要支付的其他费用。管理费用，即学会为组织和管理其业务活动所发生的各项费用，包括学会秘书处经费和人员支出、日常公用支出等。筹资费用，即学会为筹集业务活动所需资金而发生的费用，包括举办募款活动，印刷和发放募款宣传资料费用等。其他费用，即学会发生的、无法归属到上述业务活动成本、管理费用或者筹资费用中的费用，包括固定资产处置净损失、无形资产处置净损失等。对于不同的费用（成本），需采用不同的会计核算。

第八十七条 费用（成本）核算的基本任务是反映日常管理、执行和服务过程的各项耗费，并结合预测、计划、控制、分析和考核，合理安排人力、物力、财力，降低成本（费用），为公益事业发展建立良好的基础。秘书处根据《民间非营利组织会计制度》建立和健全费用（成本）核算制度。

第八十八条 有关费用（成本）核算的原始记录、凭证、账、费用汇总和分配表等资料，内容须完整、真实，做到及时记账并真实反映管理和服务过程中的各种耗费。

第八十九条 因项目策划、信息沟通、捐赠服务及捐款筹集等，需向捐赠人提供项目或活动成本估算，由会计主管与相关项目主管负责。项目成本（费用）估算，按照成本核算的原则和方法进行，必须提供可靠的人力、物资、费用支出的估算依据。

第九章　附则

第九十条　本制度未尽事宜按照国家、中国科学技术协会、财政部、民政部和学会相关管理规定执行。与以往规定相悖的，以此制度为准。

第九十一条　本制度由学会财务部门负责解释。

第九十二条　本制度自印发之日起施行。

《全国学会预算管理制度》

第一章　总则

第一条　为实现全国学会（以下简称"学会"）战略发展目标，建立科学高效、规范有序的预算管理体系，提高预算的调控力、执行力和科学化、精益化水平，依据《民间非营利组织会计制度》（财会〔2004〕7号）、《中华人民共和国预算法》以及有关财经法规制度、预算管理有关规定，结合学会实际情况，制定本制度。

第二条　学会预算是指学会按照国家有关规定，根据学会发展计划和目标编制的年度财务收支计划。学会实行统一领导，分级负责的全面预算管理。全面预算管理有利于贯彻执行国家相关政策，保证收支平衡，防范财务危机。

第三条　预算管理是对预算方案编制、审批、下达、执行、控制、分析、调整、考评等全过程的管理活动，是统筹配置经济资源、落实战略目标、调控经济（业务）活动、提升经营（业务）绩效、促进学会健康可持续发展的重要基础性管理手段。

第四条 学会预算管理坚持战略性、全面性、协同性和统筹性原则，通过预算管理促进内外部协同及资源优化配置，提升经济效益，服务学会整体业务和经营目标。

第五条 预算每年编制一次。预算年度自每年 1 月 1 日起，至 12 月 31 日止，预算的收支以人民币为计算单位。学会应依据章程规定的宗旨和业务范围科学编制年度预算。鼓励有条件的学会建立全面预算管理制度。学会年度预算须由理事会（常务理事会）批准或确认。年度预算内调整可由办事机构集体决策；年度预算之外的支出事项，应由办事机构集体研究提出，并经理事会（常务理事会）确认后补充编入年度预算。

第六条 学会预算管理体系包括：一个主体（预算管理机构）、三类对象（综合预算、项目预算、财务预算）、五个环节（预算编制与审批、预算发布与执行控制、预算调整、决算管理、预算考核与评价）、两项保障（预算统筹平衡机制、监督检查）。

第七条 按照管理期间划分，学会预算分为年度预算和月度预算。学会年度预算由会员（代表）大会或理事会（常务理事会）决策。学会、业务部门要建立健全预算管理机制，促进月度预算有效落实年度预算。

第八条 本制度适用于学会及分支机构。

第二章　学会预算管理的一个主体

第九条 学会预算管理组织分为预算决策机构、预算日常管理机构及预算实施机构三个层级。

第十条 理事长办公会是学会预算决策机构。主要职责：

（一）明确年度预算编制总体目标和总体要求；

（二）研究审定学会财务预决算、重大项目立项和经费分配使用计划；

（三）听取预决算执行情况分析报告；

（四）研究决定预算调整方案；

（五）审定决算报告以及其他相关决策事项。

第十一条 财务部门是学会预算日常管理机构。主要职责：

（一）组织各部门编制年度预算草案，审核、汇总学会年度预算草案；

（二）对预算批复结果进行内部分解并下达至各部门；

（三）对年度预算执行情况进行监控分析和监督检查；

（四）编制年度预决算报告，并按规定报送财政部门；

（五）根据预算工作要求，完成其他预算管理工作。

第十二条 各部门是预算的实施机构，主要职责：

（一）根据本部门职能和年度工作任务编制收入和支出预算；

（二）向归口管理部门提交归口事项的预算计划；

（三）严格按照预算批复执行；

（四）根据业务需要提出预算追加调整申请，经批准后执行；

（五）对本部门预算绩效负责。

第十三条 学会归口管理部门根据职责分工，在预算管理各环节，对特定类型的业务事项履行统筹分配、汇总审核。各部门、分支机构应按学会的统一要求时间，编制主管的预算并及时上报。主要职责：

（一）归口汇总、审核统筹事项的预算基础资料及各业务部门提交的预算计划，并提交财务部门审核汇总；

《全国学会财务制度》（范本）

（二）统筹使用其归口管理事项的预算经费、确定预算指标分解及执行方式。

第三章 学会预算管理的三类对象

第十四条 综合预算全面反映预算期间学会财务状况、经营成果和资金收支，既是项目预算和财务预算结果的综合体现，同时又可根据经营目标对项目预算和财务预算实施统筹优化和综合平衡。综合预算包括：损益预算、资产负债预算、资本性收支、现金流量预算，一级利润、资产负债率、净资产收益率等指标。

第十五条 项目预算也称为业务预算。包括：咨询研究项目、会议活动（含学术、科普、行政等）、成果评价（含成果鉴定、成果奖励）、标准制定、资质认证（含查新机构资质认定、工程教育认证和工程专业资格认证）、人才举荐（含院士举荐和青年托举项目等各类人才举荐）、学术出版（含学术期刊、学术报告和多媒体产品出版）、继续教育、知识服务（科技信息使用费等）、捐赠、会员服务、员工培训、职工薪酬、信息化建设、固定资产购置、公务接待、国际交流等资本性与成本性预算。

第十六条 财务预算包括：固定资产折旧预算、利息支出预算、筹资费用预算、投资收益预算、资产减值损失预算、其他业务收支预算、临时专项预算、应交税金预算、合并抵销预算等。

第四章　学会预算管理的五个环节

第一节　预算编制与审批

第十七条　预算编制原则。

（一）有利发展的原则。财务预算的编制要在学会总体发展规划和年度工作计划的引领下，着眼于满足学会发展的需要。

（二）有利节约的原则。财务预算的编制要充分考虑成本效益因素，体现节约的原则。

（三）适度从紧的原则。财务预算体系中成本费用预算的编制实行长期适度从紧原则。

（四）科学合理的原则。财务预算的编制要基于历史和未来的考虑，力求科学合理，对学会管理具有极强的约束力，减少甚至消除预算外开支。

（五）确保重点原则。资金的使用和费用开支的安排，优先考虑对学会发展具有决定性影响的项目。

第十八条　编制依据。年度财务预算的编制，以学会年度工作计划为依据，以历史数据为参考，充分考虑预算期内学会内外部因素的变化以及应对策略。

第十九条　预算层次：预算分为学会和各分会两个层次。

（一）学会预算由学会秘书处各部门制定后，报财务部门审核。

（二）各分会应该根据各自的业务特点进行预算安排，经分会审核后上报学会财务部门审核、汇总。上报学会的预算为各自的年度总预算。

第二十条　预算编制的要求。

（一）应根据上级主管单位下达的指标及相关政策，结合学会总体发展规划和年度学会发展计划，全面掌握财务收支和业务规律的变化情况，预测预算年度的收支增减趋势，科学编制预算。

（二）应预测投资项目资金的需求。

（三）收支预算的编制应分析国家对单位的政策影响及自身发展的要求，参考上年决算、成本核算和本年度业务量、成本核算、物价调整、改革方案等多方面因素。

（四）应核实人员、资产、业务量等基础数据。

（五）应保证预算的综合平衡，实现统筹安排。

第二十一条　预算编审流程。为加强学会的规范化运作，提高预算的可执行能力，学会实行"两上两下、先上后下"的预算编审流程。

（一）各部门及分支机构预算草案的编制与上报（"一上"）。每年9月中旬，学会及分支机构结合年度工作计划，根据各项费用标准和测算依据，组织开展业务预算、财务预算草案编制工作；通过优化平衡能力与需求、收入和支出，形成部门预算草案，于10月中旬报财务部门。财务部审核预算编制依据及标准，统筹平衡学会资源，编制综合预算，提出学会预算草案上报财务分管领导。

（二）学会预算草案的编制与下达（"一下"）。次年1月10日前，财务分管领导结合内外部形式要求和学会经营情况，拟定下一年度总控目标。财务部门组织召开年度预算讨论会，对预算草案进行修改调整，将拟定的总控目标分解至各部门及分支机构。

（三）各部门及分支机构预算方案的编制与上报（"两上"）。次年1

月 20 日前，各部门及分支机构根据财务部门下达的"一下"业务预算草案，经修改调整后形成年度业务预算方案，报学会财务部门。次年 1 月底前，学会财务部门根据业务部门及分支机构提交的预算方案，经统筹优化、综合平衡和汇总合并，形成学会年度预算方案（草案），提交理事长办公会审定，报理事会审议。

（四）预算的批复与下达（"两下"）。财务部门根据理事会审议通过的年度预算方案，分解至各部门及分支机构，经理事长办公会审议通过后，次年 3 月中旬前以正式文件下发执行。

第二十二条 预算编制内容。财务部门根据上级下达的预算编制通知和要求，组织学会预算编制工作，提出预算编制的要求，下发预算编报口径以及填表说明。各部门根据部门职责及工作计划，科学、合理编制本部门预算。

（一）收入预算编制。财政拨款收入由财务部门按照财政规定的口径测算、编制；项目（课题）收入由项目（课题）主责部门按照相关要求进行编制；各项业务收入应由相关部门根据实际情况进行预测和填报，通过参照近几年的历史数据，结合预算年度实际情况进行测算和编制。

（二）支出预算编制。学会人员（含在职人员和离退休人员）经费支出由人事处负责编制；学会公共类支出：如水电费、手续费、税金、固定资产折旧等由财务部门负责编制；供暖费、安保费、物业管理费、租赁费等由后勤保卫部门编制。各部门业务相关的支出主要由各部门负责编制，归口管理的事项，由各业务部门提出需求申请，归口管理部门进行汇总和编制。其中：各部门项目（课题）支出由主责部门按照项目（课题）的有关开支范围、开支标准等规定进行编制；固定资产购置预算由需求部门提出需求申请，后勤保卫部门进行归口管理和汇总编制；信息化类支出预算由各需求部门提出需求申请，信息部门进行归口管理和汇总编制。

第二十三条 预算审批。

（一）学会编制的预算由预算管理领导小组审议，理事会审批。

（二）预算编制（或调整）与预算审批、预算审批与预算执行、预算执行与预算考核等预算业务不相容岗位相互分离。

（三）按照规定程序逐级上报、审批。

（四）若需要调整预算，应将预算调整方案按规定权限逐级上报，最终由常务理事会审批通过。

（五）各部门应严格执行已批复的预算，财务部门监督执行已批复的预算。

（六）审计人员、监察部门有权对预算的真实性和可靠性进行监督。

第二十四条 预算批复总体要求：学会年度预算得到正式批复后，财务部门及时向各部门下达年度预算指标；各部门应维护预算的严肃性，一经批准下达必须严格执行。内部预算批复：财务部门根据年度预算批复情况结合各部门预算申报情况，对学会的预算进行内部分解，归口管理的事项分解到归口管理部门，最终形成学会预算内部分解方案，提请理事长办公会审议；财务部门将经理事长办公会审议通过后的预算内部分解方案，下达至各部门。

第二节　预算发布与执行控制

第二十五条 预算批复后，各部门必须严格执行，以确保预算管理的严肃性和预算执行的约束力。

第二十六条 预算执行的原则。

（一）年度预算指标下达后，各预算执行部门应严格执行预算，一般情况不得突破预算指标，特殊情况需执行相应的预算调整程序后方可调整预算；在预算调整未被批准前，归口管理部门不得自行改变预算，应按原预算执行。

（二）预算执行部门负责人对本部门的预算资金负责。严格执行财务支出审批制度和程序，根据年度业务工作需要，坚持厉行节约原则，合理安排和使用预算资金，同时接受监督和检查。

第二十七条　预算执行的程序。

（一）财务部门将上级主管部门批复的预算按类别和用途下达至预算执行部门。

（二）各预算执行部门严格按计划进度执行预算。

（三）财务部门设专人负责监督、统计预算的执行情况，定期向预算管理领导小组汇报预算的执行情况，每年度向常务理事会报告。

第二十八条　各部门的收入按照学会财务管理的要求全部纳入学会进行统一核算，严禁各部门隐瞒、截留。

第二十九条　各部门的支出需严格按照学会财务支出管理的规定执行，在规定的范围和标准内开支，并提供真实、合法、有效的票据，履行相关审核、审批程序。严格控制预算外支出。对于未纳入年度预算但确需发生的支出，必须按规定履行预算调整审批程序后，纳入预算管理后方能支出。

第三十条　各部门应定期进行预算执行情况分析，及时发现并纠正预算执行过程中出现的问题。

第三十一条　财务部门应对预算执行过程和结果加强监督指导，对于预算执行中存在的问题，需及时沟通或上报并进行整改。

第三十二条　学会建立重大预算偏差事项报告制度。学会各部门及分支机构发生重大预算偏差事项，应及时向学会理事长办公会进行专题报告。重大预算偏差事项是指由于重要经营（业务）事项发生较大变化，

《全国学会财务制度》(范本)

导致主要预算项目将出现较大幅度波动,预期对学会预算指标的影响超过下达总控目标的10%,或影响其他预算指标无法完成的事项。

第三十三条 学会建立项目预算执行监控机制,财务部按照部门、项目类别和执行阶段多维组合,跟踪项目执行进度,按月通报项目执行情况。年度预算执行情况应定期向理事会(常务理事会)、监事会(监事)报告。

第三节 预算调整

第三十四条 预算调整是预算执行过程中由于政策的变动、临时应急事项的发生等原因,需要对预算进行调整或追加,以达到加强财务管理,更加合理配置资源的目的。明确年度预算调整程序和权限,年度预算内调整可由学会办事机构集体决策;年度预算之外的支出事项,由学会办事机构集体研究提出,并经理事会(常务理事会)确认后补充编入年度预算。

第三十五条 预算调整的原则。年度预算指标下达后,应严格执行预算,一般情况不准突破预算指标,如遇国家实施重大政策调整措施、发生其他特殊情况须经批准后方可调整。在预算调整未被批准前,按原预算执行。收入预算调整后,相应调增或调减支出预算。

第三十六条 预算调整的程序。一般情况下,预算调整应经过申请、审议和批准三个主要程序。

(一)预算执行部门提出预算调整申请,说明理由及初步方案。财务部门根据预算执行情况辅助提供调整前后的预算指标。

(二)财务部门负责人对提出的预算调整申请进行审核,并提出初步审核意见。

(三)预算调整方案由预算管理领导小组审议后,报常务理事会审批。

第三十七条　在年度预算执行过程中，由于经营环境、政策因素、经营方针等预算的编制基础发生重大变化，或出现不可抗力，将导致预算结果产生重大偏差的，学会预算方案需要进行调整，包括：

（一）学会出于整体战略发展的需要，批准增加（或缩减）的业务；

（二）经营环境发生重大变化；

（三）国家相关政策发生重大变化；

（四）不可抗力的作用，如大型自然灾害等；

（五）理事长办公会认为应该调整的其他事项。

第三十八条　学会每半年召开预算工作分析会，对学会预算执行情况进行总结，研究决定是否对年度预算目标进行调整。

第四节　决算管理

第三十九条　加强预算执行情况的决算审核。学会在年度决算中对下达的预算指标和预算执行情况进行严格审核，确保预算执行的严肃性。年度终了，学会须按照主管部门决算编制要求，真实、完整、准确、及时编制决算。

第四十条　学会年度决算报告提交理事长审批、理事长办公会审议通过后提交上级部门。学会应对决算数据的真实性、完整性、准确性负相应的审计责任。

第五节　预算考核与评价

第四十一条　学会应对各部门预算编制和执行情况进行综合评价，该评价结果将作为部门年度业绩考核的重要内容，并根据学会相关规定进行奖惩兑现。

第四十二条 预算考核与评价包括预算指标的定量考核和预算管理工作的定性评价。预算管理工作的定性评价包括：

（一）年度预算编制质量评价。主要包括：主要业务假设是否符合实际；业务预算与财务预算是否有效衔接；重要预算编制参数设定是否正确；主要预算指标的年度间变动情况是否合理；预算执行保障和监督措施是否有效等。

（二）预算执行过程评价。主要包括：预算实施情况，预算安排与实际执行情况是否一致。

第四十三条 建立预算执行分析制度，各部门、分支机构要定期对预算执行进行分析，使支出按照项目、金额、时间进度进行，确保预算执行率。

第四十四条 学会建立预算偏差考核制度。结合各单位及分支机构重大预算偏差事项报告情况，对预算执行偏差进行考核。

（一）对于发生可能导致预算执行偏差的重大预算偏差事项未按规定报告，且预算指标未完成考核目标的，相应指标不得分，并在定性评价时适当扣分。

（二）对于发生可能导致预算执行偏差的重大预算偏差事项未按规定报告，但预算指标完成考核目标的，根据重大预算偏差事项对考核指标的累计影响程度，扣减该指标考核得分的5%~30%。

（三）对于发生可能导致预算执行偏差的重大预算偏差事项已按规定报告，且预算指标未完成考核目标的，视偏差事项的性质确定，如确属客观因素造成的，可在考核时剔除该事项影响后计算确定预算指标完成值。

第四十五条 各部门、分支机构要自觉接受和配合财务部门对本部门预算执行情况的考核检查，同时按照提出的意见和建议认真落实、整改。

第五章　学会预算管理的两个保障

第一节　预算统筹平衡机制

第四十六条　学会建立预算统筹平衡机制，通过实施标准成本管理，科学确定业务和经营目标，统筹平衡能力与需求，合理配置经济资源。

第四十七条　学会建立标准成本管理机制。实施标准成本管理，统一成本定额，规范列支渠道，实现成本预算指标的零基编制、自动分解和明细下达，提高成本支出的效率和效益。

（一）学会标准成本体系全面覆盖学会业务部门、分支机构各类日常业务活动支出和管理支出，包括：学会劳务成本、差旅成本、科研成本、业务活动成本、学术期刊成本、业务培训成本及管理支出等标准。

（二）标准成本是核定成本预算指标和控制成本支出的上限标准，但不是成本费用报销的依据。实际发生的成本支出应符合国家和学会财务规章制度要求，并按规定履行内部审批程序。

第二节　监督检查

第四十八条　学会应当建立健全内部预算监管检查制度，提高资金的使用效率，防止资金管理中的不规范行为，保证资金的合理使用。

《全国学会财务制度》(范本)

第四十九条 财务部门负责对学会预算执行情况进行监督,查处各部门在预算执行中出现的违法违规行为,并报送有关部门进行处理。

第五十条 财务部门及各部门应自觉接受审计部门监督,积极配合审计部门做好预算执行情况审计工作。

第六章 附则

第五十一条 本制度由财务部门负责解释。

第五十二条 本制度自批准之日起施行。

《全国学会投资管理制度》

第一章 总则

第一条 为规范全国学会（以下简称"学会"）投资行为，规避风险，提高投资效益，依据《中国科协所属全国学会财务管理指引大纲》等相关规定，结合实际，制定本制度。

第二条 本制度适用于全国学会及所属单位。

第三条 投资是学会在保证学会工作正常运转的前提下，为了合理利用闲置资金，提高资金使用效益，利用学会的货币资金、实物资产和无形资产等向其他单位或学会办的独立核算企业进行投资。包括但不仅限于委托理财、委托贷款，对所属单位及合资单位投资等。对外投资需要会员代表大会或理事会批准。

第四条 投资应严格遵守国家法律、法规和规范，符合学会发展战略，有良好的经济效益的原则。开展投资活动还应遵循合法、安全、有效的原则。严禁学会买卖期货、股票、企业债券和各类投资基金，也不得进行境外投资，严禁挪用财政拨款及有限定用途的其他资金进行对外投资，严禁使用学会的资金以个人名义对外投资。

第五条 学会可投资范围：直接购买银行、信托、证券、基金、期货、保险资产管理机构、金融资产投资公司等金融机构发行的资产管理产品；通过发起设立、并购、参股等方式直接进行股权投资；将财产委托给金融监管部门监管的机构进行投资。投资资产管理产品时，应当审慎选择，购买与学会风险识别能力和风险承担能力相匹配的产品。直接进行股权投资的，被投资方的经营范围应当与学会的宗旨和业务范围相关。

第六条 学会要加强无形资产的对外投资管理。以无形资产对外投资的，必须按照国家有关规定进行资产评估、确认，以确认的价值进行对外投资。

第七条 禁止以下投资行为：直接买卖股票；直接购买商品及金融衍生品类产品；投资人身保险产品；以投资名义向个人、企业提供借款；不符合国家产业政策的投资；可能使学会承担无限责任的投资；违背学会宗旨、可能损害信誉的投资；非法集资等国家法律法规禁止的其他活动。

第八条 理事会在投资活动中应履行以下职责：听取并审议本年度的投资报告，审核并决定下一年度投资计划，包括投资金额、投资对象和投资结构等；审核并决定当年投资计划以外的各项投资项目；审核并决定当年投资计划的调整；决定其他重大投资事项。

第九条 秘书处在投资活动中应履行以下职责：拟定学会年度投资计划；执行理事会决议，具体负责投资计划的实施；对投资状况进行监控，包括资产收益和损失情况等，发现问题及时向理事会报告；定期报告投资计划进展和执行情况。

第十条 学会理事遇有个人利益与本学会资产利益关联的情况时，不得参与相关事宜的决策；学会理事、监事及其近亲属不得与学会有任何资产交易行为。

第二章　投资项目的选择

第十一条　投资项目的选择应以学会的长远规划为依据，以实现投资的最优化。

第十二条　投资项目的选择均应经过充分调查研究，并提供准确、详细的资料及分析，以确保资料内容的可靠性、真实性和有效性。项目分析内容包括：市场状况分析；投资回报率；投资风险（政治风险、汇率风险、市场风险、经营风险、购买力风险）；投资流动性；投资占用时间；投资管理难度；税收优惠条件；对实际资产和经营控制的能力；投资的预期成本；投资项目的筹资能力；投资的外部环境及社会法律约束。

第十三条　投资项目依所掌握的有关资料并进行初步实地考察和调查研究后，由投资项目主管业务部门提出项目建议书，报送秘书长审核同意后，编制可行性报告及实施方案，提交学会党政联席会审定。

第三章　投资管理

第十四条　投资必须经过可行性研究，并实行逐级审批制度，由理事长办公会决定，其他任何部门和个人无权做出投资决定。

第十五条　财务部门负责投资的财务管理和审计工作。财务部门对项目基础数据的准确性、财务预算的可行性和财务风险均应进行审核。必要时，可指派专人对项目再次进行实地考察，或聘请财务专家论证小组对项目进行财务专业性的论证。以确保项目投资的可靠和可行。对投资项目进行日常监督管理；对有关单位提出的投资建议和可行性研究报告进行初步审查，提出审查意见。

第十六条　学会设立投资评审小组和经济合同审核小组，成员由学会秘书长和相关业务部门领导组成。投资评审小组负责学会投资方案的审查，审查评估结果向学会主要领导作出书面报告。

第十七条　投资项目应与被投资方签订投资合同或协议，投资合同或协议须经具有资格的专业法律人员审核。投资项目确立后，由学会法定代表人或授权委托人对外签署经济合同书及办理相关手续。任何人未经授权所签订的合同，均视无效。

第十八条　重大投资项目应聘请专家或中介机构进行可行性分析论证。重大投资项目是指：年度投资计划；年度投资计划外，投资金额200万元（含200万元）以上，或投资额小于200万元但对学会发展有重大影响的投资项目（200万元的金额标准仅供参考，每个学会根据自身规模和具体情况制定）；学会对外的股权投资。

第十九条　学会投资组建合作、合资公司，应对新建公司派出经法定程序选举产生的董事、监事及高级管理人员，参与和监督新建公司的运营决策。对于投资组建的控股公司，原则上应派出董事长担任公司的法定代表人。同时应向投资或控股的企事业单位委派财务总监。

第二十条　学会对外投资的追踪管理。学会要对投资进行跟踪管理，监督执行过程中产生的偏差，及时掌握被投资单位的财务状况和经营情况，发现异常情况，应及时上报主管领导和有关部门，以便采取相应措施。

第二十一条　学会对外投资的监督检查内容：一是对外投资业务相关

岗位设置及人员配备情况。重点检查岗位设置是否科学、合理，是否存在不相容职务混岗的现象，人员配备是否合理。二是对外投资资产的投出情况。以非货币性资产投出的，重点检查资产的作价是否合理。三是对外投资持有的管理情况。重点检查有关对外投资权益等凭证的保管和记录情况，投资期间获得的投资收益是否及时收回。四是对外投资的会计处理情况。重点检查会计记录是否真实、完整。监督检查对外投资薄弱环节，应及时通告有关部门，并将监督检查结果及有关部门的整改情况定期向单位领导报告。

第二十二条　学会要动态监控投资状况，为保障本金安全设置止损点。损失达到止损点时，及时调整对策，必要时终止该项投资。投资项目变更，由项目负责人书面报告变更理由，按报批程序及权限报送学会领导审定，重大的变更应参照立项程序予以确认。

第二十三条　重视投资风险。学会投资应先进行事先论证。对于短期银行理财投资，在购买前应充分做好投资评估，了解掌握产品的类型、风险、投资方向和变现保证等信息。高收益必定伴随高风险，但高风险未必能最终带来高收益，不要一味地追求投资收益。梳理正确的理财观念，根据自身风险偏好理性选择与风险收益相匹配的金融产品。

第四章　投资的收回、转让与核销

第二十四条　投资收回、转让与核销，应遵循国家有关法律法规，并严格按照有关规定办理。

（一）对投资收回的资产，应及时收取，并按规定入账。提前或延期收回对外投资的，应经集体审议批准。收回货币资金的，应及时办理收款业务。发生或出现下列情况之一时，学会可以收回投资：

1. 该投资项目（企业）经营期满；

2. 由于经营不善，无法偿还到期债务，依法实施破产；

3. 由于发生不可抗拒力而使项目（企业）无法继续经营；

4. 合同规定投资终止的其他情况出现或发生时。

（二）发生或出现下列情况之一时，学会可以转让投资：

1. 投资项目已经明显有悖于公司经营方向和学会发展方向的；

2. 投资项目出现连续亏损且扭亏无望的；

3. 由于自身经营资金不足，急需补充资金的；

4. 其他认为有必要的情形。

（三）学会到期不能收回的投资资产，参照行政事业单位资产清查核实认定标准进行认定，在经过理事会（常务理事会）批准后，按《民间非营利组织会计制度》核算要求进行账务处理。发生或出现下列情况之一时，学会可以核销投资：

1. 被投资企业进行破产或清算的；

2. 长期不运作且无法通过收回或转让程序进行处置的；

3. 其他认为有必要的情形。

第二十五条 收回、转让、核销投资时，做好资产评估工作，并取得相关的法律文书、证明文件等。

第二十六条 财务部门应按照相关规定及时进行对外投资处置的会计处理，应认真审核与对外投资处置有关的审批文件、会议记录及相关资料，以确保资产处置的真实、合规。

第二十七条 批准处置投资的程序与权限和批准实施投资的程序与权限相同。

第五章　投资的财务管理

第二十八条　财务部门负责对投资活动进行全面完整的财务记录、会计核算，按每个投资项目分别建立明细账簿，详尽记录相关资料。投资的会计核算方法应符合会计准则和会计制度的规定。

第二十九条　学会所属单位投资的会计核算方法和财务管理应遵循相关财务会计制度及其有关规定。

第三十条　学会投资或控股的企事业单位应每年向学会报送财务会计报表，并按照要求编制合并报表等会计资料。

第三十一条　学会对外投资应纳入预算管理，正确核算投资损益，财务部门进行相关账务处理。

第三十二条　学会收取对外投资持有期间获取的收益，应及时入账。不得以任何方式截留、转移、挪用、私分投资收益，也不得隐瞒投资损失。

第三十三条　每年年末，各投资项目与实体必须按时向学会财务部门报送审计报告。

第三十四条　各投资项目及实体必须严格执行国家财经法规制度，同时遵守财务规章制度。对不符合规定、手续不全、凭证不实的费用开支，会计人员应予拒付，如遇特殊情况，应向财务部门报告。

第六章　投资收益分配

第三十五条　利润分配基数及比例。利润分配以经社会中介机构审计确认的会计决算报表为依据,以可供投资者分配的利润为基数,按理事长办公会(股东)决议规定的比例计算分配股利或投资收益。

第三十六条　投资收益缴纳程序。按会计年度收取投资收益额,各缴纳主体年终根据会计决算数据,编制投资收益计算表,并附完税凭证,报学会理事长办公会审核。每年4月底以前完成上年度应缴纳的投资收益。

第三十七条　财务部门按照理事长办公会(股东)决议规定的比例计算分配股利的时间收取投资收益,作为账务处理的依据,纳入预算管理。用于学会经费支出及重大课题研究和企业技术创新、改造等事关行业发展的各项支出。

第七章　重大事项报告及信息披露

第三十八条　学会投资应严格按照相关规定履行信息披露义务;所属单位的投资或控股,履行信息披露的基本义务。

第三十九条　学会及所属企事业单位提供的信息应当真实、准确、完整,并在第一时间报送学会领导。学会及所属单位如发生收购和出售资产(股权)行为、重大诉讼、仲裁事项、重要合同的订立、变更和终止以及重大经营性或非经营性亏损等重大事项应及时向理事长办公会报告。

第四十条 加强监督管理。学会对外投资应有专人或指定部门进行动态监督管理。长期投资要定期取得被投资方的财务报告、股东会决议等重要文件，注意国家相关产业政策的调整，发现风险迹象及时预警，财务部门适时提取投资减值准备。

第八章 对外投资的绩效评价

第四十一条 财务部门根据被投资单位上报的财务报表数据，每年定期进行投资分析，检查是否完成预期绩效目标。

第四十二条 在投资项目的经营过程中，因工作失误给单位财产造成重大损失或产生恶劣影响的，应视情节轻重追究当事人及相关领导的责任。

第九章 附则

第四十三条 本制度未尽事宜，按照国家有关法律、法规和本学会章程的规定执行。

第四十四条 本制度由学会负责解释。自发布之日起实施。

《全国学会货币资金管理制度》

第一章 总则

第一条 为加强全国学会（以下简称"学会"）资金管理，确保资金安全完整，提高资金运营效率，促进学会资金规范操作，制定本制度。

第二条 货币资金是指学会所拥有的现金、银行存款和其他货币资金，是以货币形式存在、可随时使用的款项。其他货币资金包括：外埠存款、银行汇票存款、银行本票存款、信用卡存款、信用证保证金存款、在途货币资金等。

第二章 货币资金的岗位分工及授权批准

第三条 学会应建立货币资金业务的岗位责任制，明确相关部门和岗位的职责权限，确保办理货币资金业务的不相容岗位相互分离、制约和监督。

第四条 学会的法定代表人对货币资金内部控制的建立健全、有效实施以及货币资金的安全性和完整性负责。

第五条 出纳岗位职责。出纳要按照有关规定和制度，办理学会的现金收付、银行结算等有关账务，保管库存现金、有价证券、财务印章及有关票据工作。

（一）做好现金的日常管理及收付工作，保证现金收付的正确性和合法性。

（二）每天工作日结束前，及时盘点库存现金并与有关报表和凭证进行核对，做到账实、账表、账证、账账相符。

（三）严格执行现金管理制度和结算制度，根据学会规定的费用报销和收付款审批手续，办理现金及银行结算业务。

（四）负责银行账户的日常结算，银行存款日记账，并做到日清月结，月末与银行核对存款余额，不符时编制《银行存款余额调节表》。

（五）及时清理账目，督促因公借款人员及时报账，杜绝个人长期欠款。

（六）保管好现金、各种印章、空白支票、空白收据及其他证券，对于现金和各种有价证券，要确保其安全和完整无缺，如有短缺，要负责赔偿，对于空白收据和空白支票必须严格管理，专设登记簿登记，认真办理领用注销手续。保险箱密码要保密，保管好钥匙，不得转交他人。

（七）及时准确编制记账凭证并逐笔登记总账及明细账，定期上缴各种完整的原始凭证。

第六条 学会的出纳为货币资金的直接责任人员。

（一）所有货币资金的收取和支付只能由出纳进行，禁止其他工作人员直接接触学会的现金和现金支票。出纳不得兼任稽核、会计档案保管和收入、支出、费用、债权债务账目的登记工作。

（二）不得由一人办理货币资金业务的全过程，出纳必须凭会计出具的记账凭证或经会计审核后的转账凭证，方可办理货币资金支付业务。

（三）出纳因工作变动，必须按规定办理货币资金业务移交手续。移交人员在办理移交时，现金、有价证券必须与账簿记录保持一致，银行存款账户余额要与银行对账单核对。如不一致，应该编制银行存款账户余额调节表，并说明原因。移交人员经管的票据、印章和其他实物等，必须填列交接清单。

第七条　学会应当配备专门的会计人员，并根据单位具体情况进行岗位轮换。办理货币资金业务的会计人员应当具备良好的职业道德，忠于职守，廉洁奉公，遵纪守法，客观公正，不断提高业务素质和职业道德水平。

第八条　严格履行货币资金授权审批。凡涉及货币资金的业务，各相应经办和管理、决策人员应严格按照审批权限进行审批和办理。建立严格的货币资金业务授权批准制度，明确审批人对货币资金业务的授权批准方式、权限、程序、责任和相关控制措施，规定经办人（会计、出纳）办理货币资金业务的职责范围和工作要求。审批人应当根据货币资金授权批准的相关规定，在授权范围内进行审批，不得超越审批权限。经办人应当在职责范围内，按照审批人的批准意见办理货币资金业务。对于审批人超越授权范围审批的货币资金业务，经办人员有权拒绝办理，并及时向审批人的上级授权部门报告。

第九条　办理货币资金支付业务流程。

（一）支付申请。有关部门或个人用款时，应当提前向秘书处提交支付申请，注明款项的用途、金额、预算、支付方式等内容，并附有效经济合同或相关证明。

（二）支付审批。审批人根据职责、权限和相应程序，对支付申请进行审批。对不符合规定的货币资金支付申请，审批人应当拒绝批准。

1. 学会工作人员以及分支机构人员的支付申请应由学会财务负责人审批；

2. 学会财务负责人的支付申请应由学会法定代表人审批；

3. 单笔金额在5万元（含5万元）以内的由秘书处办公室主任审批，5万元以上10万元（含10万元）以内的应由学会秘书处秘书长审批，单笔金额在10万元以上的应由学会法定代表人审批（此处的金额标准仅供参考，每个学会根据自身情况制定具体金额标准）。

（三）支付复核。会计应当对批准后的货币资金支付申请进行复核，复核货币资金支付申请的批准范围、权限、程序是否正确，手续及相关单证是否齐备，预算（项目）资金是否到位，金额计算是否准确，支付方式、支付单位是否妥当等。复核无误后，交由出纳办理支付手续。

（四）办理支付。出纳应当根据复核无误的支付申请，按规定办理货币资金支付手续，及时登记现金和银行存款日记账。

第十条　对重要货币资金支付业务，预算单位应当实行集体决策，防范贪污、侵占、挪用货币资金等行为。

第十一条　严禁未经授权的机构或人员办理货币资金业务或直接接触货币资金。

第三章　现金管理

第十二条　钱账分管制。钱账分管即管钱的不管账、管账的不管钱。

非出纳人员不得经管现金收付业务和现金保管业务，出纳不得兼管稽核、会计档案保管和收入、费用、债权、债务账目的登记工作。

第十三条 现金收支的日常管理。

（一）因私借款不予办理。不准私自挪用公款和借支私用。

（二）借款人预借现金必须填写借款单，经财务总监和秘书长签字，财务人员审核后支付。

（三）职工预借差旅费时，财务部门应按出差时间长短、路途远近，预算所需金额，由出差人员填写借款单，按权限规定审批后借支。差旅费借款须在公务完毕回程后办理报销手续，填写"差旅费报销单"，经财务总监和秘书长签字后由出纳审核报销。对上次借款未清的，不得办理新的公务借款。

（四）学会全部现金收入统一交予出纳收取。

（五）出纳从银行提取现金时，应当在支票存根上注明用途和金额等内容，经财务总监和秘书长批准后方可提取。

（六）对保险箱的密码要绝对保密，钥匙应妥善保管，不得丢失，不得随意交给他人。

（七）各种现金报销标准，按国家和学会的有关规定执行。

（八）出纳人员应当建立健全现金账目，逐笔记载货币资金的收入和支出，做到收支清楚，手续完备，日清月结，账款相符。不得以任何凭证或白条顶替库存现金。出纳人员应当定期盘点，若有长短款要及时向财务部门负责人报告，查明原因及时处理。

第十四条 学会应根据《现金管理暂行条例》规定，确定现金开支范围。不属于现金开支范围的业务，应通过银行办理转账结算。现金支出的范围：

（一）职工工资、津贴；

（二）个人劳务报酬；

（三）根据国家规定颁发给个人的科学技术奖金；

（四）各种劳保、福利费用以及国家规定的对个人的其他支出；

（五）出差人员必须随身携带的差旅费；

（六）确实需要支付现金的其他支出。

第十五条 现金收入应及时存入银行，不得用于直接支付单位自身的支出。因特殊情况需坐支现金的，应事先报经开户银行审查批准。

第十六条 各种现金支出的审批权限。出纳应根据按规定权限审核批准并签章的付款凭证及其所附原始凭证办理现金付款业务。没有经过审批并签章，或者超越规定审批权限的，出纳不予付款。

第十七条 现金的库存管理。

（一）学会库存现金限额的核定，根据现金支取量的多少决定。学会应根据实际需要，向开户银行提出申请，由开户银行核定现金库存限额。对超过库存限额的现金应及时存入银行。

（二）保险柜不得存入私有财产。

第十八条 库存现金应当实行日清月结制度。出纳办理现金收付业务，必须做到按日清理，按月结账，账款相符。单位主管会计应当定期和不定期地与出纳进行库存现金盘点，确保现金账面余额与实际库存相符。若发现不符，应及时查明原因并处理。

第十九条 现金盘点制。

（一）不定期盘点。每天工作日结束前，出纳应及时盘点库存现金并与有关报表和凭证进行核对，做到账实、账表、账证、账账相符。

（二）定期盘点。每月月末盘点一次，制作现金盘点表，将盘存得出的实存数和账面余额进行核对，看两者是否相符，并由盘点人和监盘人签字确认。如发现有长款或短款，应进一步查明原因，及时进行处理。

第二十条 严格遵守现金管理制度，库存现金不得超过定额，不坐支，不挪用，不得用白条抵顶库存现金，保持现金实存与现金账面一致。一切现金往来，必须收付有凭据，严禁口说为凭。学会库存现金不得超过限额，特殊情况除外。禁止坐支营业收入现金。

第四章 银行存款和其他货币资金管理

第二十一条 结算范围。学会与其他有关单位发生的各种结算业务，除按《现金管理暂行条例》可以使用现金以外，一律通过银行办理转账结算，不得直接支付现金和开具现金支票。

第二十二条 账户的使用。

（一）学会应当严格按照中国人民银行《支付结算办法》的规定使用银行账户。

（二）银行账户只能用于本单位业务范围内的资金收付，不得出借账户，不能从事与本单位业务无关的经济活动。任何人不得利用银行账户办理本学会以外的收支结算，因私借用支票不予办理。

（三）严格支票管理，财务人员不得签发无日期、无抬头、无用途、无限定金额的空白支票，不得签发远期支票和空头支票。

（四）不得签发、取得、转让没有真实交易和债权债务的票据。

（五）会计应在月末根据银行日记账账面余额和银行对账单余额进行对账。如存在差额，必须逐笔查明原因进行处理，并按月编制"银行存款余额调节表"调节相符。对于调节不符的事项应查明原因，及时向财务部门负责人汇报。

第二十三条 日常管理。

（一）应当按开户银行名称以及存款账户等，分别设置"银行存款日记账"，由出纳根据记账凭证逐笔顺序登记，每日终了应结出余额。

（二）任何人不得违反银行结算法规制度，不得贪污挪用公款。

（三）出纳在签发支票时必须有申请人的支出报销单，并经审批手续审批。支票领用人必须在支票存根上签字。

（四）借用支票需填写借款单，由秘书长签字后办理支票领用手续。如实际支付金额暂时无法确定，应明确支票用途、收款单位和用款限额。实际支付金额由经办人按发票金额填写，严禁把没有填写金额的转账支票交给收款单位。预借支票必须按规定的用途使用，不得转让、出租和出借。经办人对领出的支票要妥善保管，如支票遗失，应及时向财务部门负责人和秘书长汇报，并办理挂失手续。

（五）支票存根和银行回单，应与发票单据一并作为原始单据，附在记账凭证后。对填错的支票，应标注"作废"，妥善保管。

（六）学会在收到外币时，应折合成记账本位币金额入账，应严格遵守国家外汇管理部门的有关规定。

（七）领用空白支票，必须注明限额、日期、用途及收款单位，并视金额大小按审批规定报批。所有空白支票及作废支票均必须存放保险柜内。严禁空白支票在使用前先盖上印章。

（八）银行印鉴实行分管，同时，经管印章者不得负责空白收款收据的管理。

第二十四条 严格按照《中央预算单位银行账户管理暂行办法》和《支付结算办法》等国家有关规定，加强银行账户的管理，严格按照规定开立账户，办理存款、取款和结算业务；定期检查、清理银行账户的开立及使用情况，发现问题及时处理；加强对银行结算凭证的填制、传递及保管等环节的管理与控制。

第二十五条 支票使用原则：

（一）支票应按规定程序办理领用、注销手续，如实填写用款日期、用途、金额、领用人及注销情况，现金支票必须由学会出纳人员办理。

（二）严禁签发空白或超限额支票，如因特殊情况确实需要签发不填写金额的转账支票时，必须在支票上写明收款单位、款项用途、签发日期、规定限额和报销期限。逾期不用的空白转账支票，要及时收回注销。对于填写错误的支票，必须加盖"作废"戳记，与存根一起保存。银行预留印鉴必须由两人以上保管，不能由一人独管。

（三）支票领用后不得自行改变用途，支出后需及时报账。支票使用中如发生丢失，要及时与财务部门联系，办理有关手续。

第二十六条 严格遵守银行结算纪律，不准签发没有资金保证的票据或远期支票，套取银行信用；不准签发、取得和转让没有真实交易和债权债务的票据，套取银行和他人资金；不准无理拒绝付款，任意占用他人资金；不准违反规定开立和使用银行账户。

第二十七条 主管会计应当定期与出纳核对银行账户，每月至少核对一次，编制银行存款余额调节表，使银行存款账面余额与银行对账单调节相符。如调节不符，应查明原因，及时处理。出纳负责银行账户的日常结算，银行存款日记账，并做到日清月结，月末与银行核对存款余额，编制《银行存款余额调节表》。

第二十八条 财会人员办理信汇、电汇、票汇（含自带票汇）、转账支付等付出款项；日常费用开支及现金、银行转账借款一律凭付款审批单或借款单办理。

《全国学会财务制度》(范本)

第五章 严格与货币资金相关的票据管理

第二十九条 加强与货币资金相关的票据管理，明确各种票据（如现金支票、银行票据及其他出纳票据等）的购买、保管、领用、背书转让、注销等环节的职责权限和程序，并专设登记簿进行记录，防止空白票据的遗失和被盗。

第三十条 收费票据由专人负责购买和入库保管，建立票据登记簿，按规定的手续办理领、发登记，对票据的领用情况进行严格记录，保证票簿相符。

第三十一条 票据启用前，应认真清点其数量、号码，检查是否有缺页、漏页、重号等情况，一经发现，应停止使用并及时报告处理。

第三十二条 票据使用过程中应严格制单审核流程，落实内部控制程序。

第三十三条 每本票据用完后，必须在封面上填写清楚整本票据填制时间、起止号码、作废号码和票据开出的金额，由经办人签章后上交票据管理人员办理核销手续，年度终结及时办理票据存根封存。

第六章 严格财务用印管理

第三十四条 学会财务印章须由两人分别保管。法人名章由秘书长或秘书长指定专人负责保管；财务专用章由出纳负责保管。出纳涉及拨款业务需要用印时，应向保管印章人员出具领导同意拨款的依据，由保管印章人负责核对并在拨款单据上加盖法人名章。

第三十五条　印章保管人员应保管好所持印章，确保印章安全，不得擅自用印。严禁在空白支票及其他票据等空白件上用印。

第三十六条　加强银行预留印鉴的管理。财务专用章应由专人保管，个人名章必须由本人或其授权人员保管。严禁一人保管支付款项所需的全部印章。按规定需要有关负责人签字或盖章的经济业务，必须严格履行签字或盖章手续。

第三十七条　开立银行账户时，在开户银行预留的财务专用章由会计保管，法定代表人印章由出纳保管。

第三十八条　印章如发生丢失、损毁或被盗情况，应迅速向秘书长汇报。

第七章　监督检查

第三十九条　建立货币资金业务的监督检查制度，明确监督检查机构或人员的职责权限，定期和不定期地进行检查。

第四十条　货币资金监督检查的内容主要包括：

（一）货币资金业务相关岗位及人员的设置情况。重点检查是否存在货币资金业务不相容职务混岗的现象。

（二）货币资金授权批准制度的执行情况，重点检查货币资金支出的授权批准手续是否健全，是否存在越权审批行为。

（三）支付款项印章的保管情况。重点检查是否存在办理付款业务所需的全部印章交由一人保管的现象。

（四）票据的保管情况。重点检查票据的购买、领用、保管手续是否健全，票据保管是否存在漏洞。

第四十一条 对监督检查过程中发现的货币资金内部控制中的薄弱环节，应当及时采取措施予以整改和完善。

第八章　附则

第四十二条 本制度经理事会会议审议通过后执行。

第四十三条 本制度由学会财务部门负责解释。

《全国学会固定资产管理制度》

第一章 总则

第一条 为加强和规范全国学会(以下简称"学会")固定资产管理,提高固定资产使用效益,根据国家法律法规的有关规定,制定本制度。

第二条 本制度所称固定资产,是指学会为提供服务、出租或经营管理而持有的、使用寿命超过一个会计年度的有形资产。固定资产的分类和具体范围按全国学会固定资产目录执行。

第三条 本制度适用于学会及其分支机构。

第二章 职责分工

第四条 学会固定资产由综合部门归口管理,信息部门、财务部门、各固定资产使用部门按其职责范围管理。

一、综合部门职责

（一）根据学会固定资产的类别、特点，制定具体的固定资产管理制度。

（二）负责学会固定资产购置计划的编制、汇总、报批等工作。

（三）负责学会固定资产购置、验收、保管、领用、内部调拨、转移、报废、清查盘点等工作。

（四）负责建立固定资产实物台账，做好建档登记工作。

二、信息部门职责

（一）负责学会电脑及网络设备等信息技术设备的维护管理工作。

（二）负责对停用、报废、出售、转让电脑设备提出初步意见。

三、财务部门职责

（一）负责学会固定资产会计核算，正确计价，及时准确反映其价值增减变动情况。负责学会固定资产折旧计提等日常会计核算工作。

（二）负责建立固定资产账务电子卡和固定资产账簿，参与固定资产购置、报废等价格核定工作，组织固定资产的价值评估工作。

四、学会固定资产使用部门职责

（一）按"谁使用，谁保管"的原则，将固定资产的实物保管责任落实到专人，部门负责人承担部门公用固定资产实物保管责任。

（二）固定资产的使用人发生变化时，及时通知综合部门，办理变更信息手续。

五、各分支机构职责

（一）负责本单位的固定资产购建计划的编制、申请、报批等工作。

（二）负责本单位的固定资产购建、验收、保管、领用、维护、报废、清查盘点等工作。

（三）负责建立本单位的固定资产卡片和固定资产实物台账，并掌握固定资产存放地点、使用情况、完好率等情况，做好建档登记工作。

第三章　固定资产预算管理

第五条　学会对固定资产的购置实行预算管理。每年末应由使用部门提出需求，综合部门负责编制固定资产购置计划及年度预算，履行学会预算审批程序，经批准后生效。

第六条　未列入学会固定资产购置预算的项目，确因工作需要添置预算外的固定资产，按以下程序和审批权限办理：

（一）由相关部门和分支机构向学会综合部门提出书面申请，列明购置理由、购置品名及预算。

（二）经综合部门、信息部门（购置电子设备时）和财务部门初审后，按照学会预算管理制度履行预算调整审批程序。

第四章　固定资产购置

第七条　学会预算内固定资产的购置，由综合部门会同相关部门依据职责范围，按照如下程序办理：

（一）固定资产采购采用多方询价的原则，保证资产购置的价格合理性。

（二）购置的固定资产名称、型号、数量、预算金额等由综合部门、信息部门、财务部门按其职责进行审核，并以签报形式履行审批手续。

（三）严格按照批准的签报内容办理固定资产购置手续，单笔金额超过1万元（该标准仅供参考）的，须与供应商签订合同。固定资产购置完成后，由综合部门负责组织相关部门验收，验收合格后，对固定资产进行统一编号，填写固定资产实物台账。凭签报、合同、发票办理支付手续，申请付款；付款后财务部门依票据建立固定资产账务卡片并进行会计账务处理。学会办理付款业务时，一般应提供采购发票、结算凭证、验收证明等相关凭证，并要对凭证的真实性、完整性、合法性及合规性进行严格审核。

（四）各分支机构按需向学会提出购置申请，由综合部门牵头办理审批手续，所呈签报应有学术部门、财务部门的会签意见。各分支机构固定资产的购置、报销以及管理流程应按照本制度相关条款执行。

第五章　固定资产实物管理

第八条　固定资产验收后由使用人办理领用手续并负责保管，如不使用应及时办理登记并退还。固定资产属于部门共同使用的，由部门责任人保管。

第九条　固定资产使用人变更，相关部门应及时通报综合部门并办理变更登记。

第十条　固定资产使用人无故损坏、遗失固定资产应照价赔偿。

第十一条　固定资产使用人离职，应办理固定资产退还手续，否则人事部门不予办理离职手续。

第十二条　综合部门负责对固定资产实行跟踪管理，全面掌握固定资产的分布、使用情况和质量状况，对闲置、低效或无效的固定资产提出处理意见。

第六章　固定资产清查盘点

第十三条　综合部门牵头会同财务部门共同组织固定资产的清查盘点，保证账、卡、物相符。

第十四条　固定资产清查盘点方式。

（一）不定期盘点：根据学会工作或特殊情况需要，对固定资产进行单项或全面清查盘点。

（二）定期盘点：每年12月学会年度财务决算前，对学会的固定资产进行一次全面的清查盘点。

第十五条　固定资产清查盘点的程序和方法。

（一）固定资产清查盘点采用实地盘点法。

（二）固定资产清查盘点的程序：综合部门和财务部门应分别指定专人共同完成固定资产的清查盘点工作；固定资产清查盘点后，综合部门会同财务部门根据固定资产盘点表，与固定资产明细账、固定资产卡片逐项核对，对盘盈、盘亏、毁损、闲置的固定资产应当查明原因，提出处置意见。

第十六条　在发生以下情况时，应及时对固定资产进行清理：

（一）使用期满。固定资产已达到或超过规定的使用年限，经鉴定确认不能进行修复和继续使用的，必须进行清理。

（二）灾祸毁损。因火灾、风灾、水灾、震灾等不可抗拒力量以及交通事故等造成固定资产毁损的，必须进行清理。

（三）由于设计、施工、制造技术不过关，质量低劣，无法修复继续使用，未达到预定使用年限而中途报废的固定资产，必须进行清理。

（四）除上述情况外，由于其他原因造成的确需报废的固定资产，必须按规定程序进行清理。

第七章　固定资产处置

第十七条　固定资产的处置是指对报停的固定资产的出售、报废、报损等。固定资产处置应由综合部门核查后，填写签报，内附固定资产处置审批单。

第十八条　固定资产报停是指尚可使用，但因不需要或因技术标准低而不能继续使用的固定资产，可以申请报停。对报停的固定资产可视不同情况采用库存、内部调配使用、转让、出售等办法处理。

第十九条　固定资产在下列情况下，可作报废处理：

（一）运行日久，其主要结构、机件陈旧，损坏严重，经鉴定再给予大修也不能符合生产要求，或虽然能修复但费用较高，修复后可使用的年限较短，效率较低，在经济上不可行。

（二）腐蚀严重，无法修复，继续使用易引发事故。

（三）淘汰产品，无零配件供应，不能利用和修复；国家规定强制淘汰报废；技术落后不能满足生产需要。

（四）存在严重质量问题或其他原因，不能继续运行。

（五）进口设备不能国产化，无零配件供应，不能修复，无法使用。

（六）因运营方式改变，已全部或部分拆除，且无法再安装使用。

（七）遭受自然灾害或突发意外事故，导致毁损，无法修复。

第二十条　固定资产的报废程序。

（一）对达到报废年限或已经损坏不能继续使用的固定资产，经信息部门（仅限电子设备）、财务部门等相关部门确认后，综合部门以签报形式履行审批手续。

（二）经学会领导审批同意报废的固定资产，由财务部门请财税主管部门备案或审批。

（三）对已办理报废的固定资产的实物，应分类处置，对仍有部分使用价值的应保留实物，单独管理。

第八章　固定资产计价

第二十一条　固定资产计价办法按学会有关规定执行，取得时的成本作为入账价值：

（一）购置的不需要经过建造过程即可使用的固定资产，按实际支付的买价、包装费、运输费、安装成本、缴纳的有关税金等作为入账价值。

（二）接受捐赠的固定资产，如捐赠方提供了有关凭据，按凭据上标明的金额加上应支付的相关税费，作为入账价值；如捐赠方没有提供有关凭据，则按同类或类似固定资产的市场价格估计的金额，加上支付的相关税费作为入账价值。

第二十二条　已经入账的固定资产价值，除发生下列情况外，不能任意变动：

（一）根据国家规定固定资产重新评估价值。

（二）增加补充设备或改良装置。

（三）将固定资产的一部分拆除。

（四）根据实际价值调整原来的暂估价值。

（五）发现原记固定资产价值有误。

第九章　固定资产折旧

第二十三条　学会应计提折旧的固定资产范围，按照《民间非营利组织会计制度》的有关规定执行。

第二十四条　学会固定资产应按月提取折旧。当月增加的固定资产，当月不提折旧，从下月起计提折旧；当月减少的固定资产，当月照提折旧，从下月起不提折旧。固定资产提足折旧后，不管能否继续使用，均不再提取折旧；提前报废的固定资产，不再补提折旧，损失记入营业外支出。

第二十五条　学会固定资产折旧方法采用平均年限法。

平均年限法的固定资产折旧率和折旧额的计算公式如下：

年折旧率＝（1-预计净残值率）/折旧年限

月折旧率＝年折旧率÷12

月折旧额＝固定资产原值×月折旧率

第二十六条 净残值率按照固定资产原值的5%确定，因电子类产品折旧后很难达到5%残值，故差值记入其他费用。

第二十七条 固定资产分类折旧年限，依据《全国学会固定资产分类及折旧年限表》中的规定。

全国学会固定资产分类及折旧年限表

固定资产分类	折旧年限（年）	净残值率（%）	年折旧率（%）
一、电子设备	3	5	31.67
二、生产管理用工器具			
1. 电气设备	5	5	19
2. 办公及字处理设备	5	5	19
3. 办公家具	5	5	19
4. 其他	5	5	19

第十章　固定资产损失的税务申报

第二十八条 财务部门负责固定资产损失税务申报办理，其他部门协助财务部门做好税务申报工作。

第二十九条 固定资产损失所得税前扣除按以下程序进行申报：

（一）自行申报扣除财产损失。固定资产达到或超过使用年限而正常报废清理发生的财产损失，应在有关财产损失实际发生当期申报扣除。

（二）经税务机关审批后扣除财产损失。因下列原因发生的财产损失，须经税务机关审批才能在申报企业所得税时扣除：因自然灾害、战争、政治事件等不可抗力或者人为管理责任，导致固定资产的损失；固定资产因发生永久或实质性损害而确认的财产损失；按规定可以税前扣除的各项资产评估损失。

（三）发生的各项需审批的财产损失，应在纳税年度终了后 15 日内集中一次报税务机关审批。

第十一章　资产收益

第三十条　资产收益是指单位出租、出借、处置资产等取得的收入。

第三十一条　学会国有资产处置收入，在扣除相关税金、评估费、拍卖佣金等费用后，按照政府非税收入管理和财政国库收缴管理的规定上缴中央国库，实行"收支两条线"管理。学会要如实反映和收缴国有资产收益，不得隐瞒、截留、挤占、坐支和挪用国有资产收益；不得违反规定使用国有资产收益。

第十二章　责任、监督检查

第三十二条　学会所有工作人员应认真履行固定资产管理职责，自觉维护国有资产的安全、完整。

第三十三条　后勤保卫部门、财务部门要加强固定资产管理与监督，制止资产管理中的各种违法、违规行为，防止国有资产流失，维护国有资产的合法权益。对于固定资产管理中的违法违纪行为按照《财政违法行为处罚处分条例》进行处理，触犯刑律的，要移送司法机关追究其法律责任。

第十三章 附则

第三十四条 本制度由全国学会综合部门负责解释并监督执行。

第三十五条 本制度自印发之日起执行。

《全国学会会计核算管理，财务报告与分析，财务监督与财务审计制度》

第一章　会计核算

第一条　为正确贯彻执行《会计法》的有关规定，规范会计核算，加强会计基础工作和会计人员的相互制约、监督，提高会计工作质量，制定本制度。

第二条　学会执行《民间非营利组织会计制度》，按规定设置会计账簿、编制财务报告，正确使用会计科目，确定核算程序，及时提供合法、真实、准确、完整的会计信息。

（一）财务部门做好预算和财务管理工作。管理好单位的各项资金，确保各项业务顺利开展。

（二）财务部门统一办理和审核财务收支。办理现金、转账、汇兑等资金结算，监督管理各项资金的使用，严格执行"收支两条线"管理，防止资金的浪费、挪用和挤占。

（三）严格按照国家统一会计制度，进行会计核算。包括对原始凭证合法性的审核、账务处理等财会事务。加强会计基础工作规范，保证核算操作规范合法达标。

（四）编制会计报表，及时向上级有关部门提供财务报告，会计服务及合法、真实、完整的会计信息。

（五）接受财政、审计等有关部门的各项检查，如实提供会计凭证、会计账簿、会计报表和其他会计资料以及有关悉知情况。

（六）负责收费票据的开具、领取、保管和核销。

（七）学会会计核算以人民币"元"为单位，元以下记为角、分。

第三条　会计核算基本流程：审核原始凭证，填制记账凭证，合理归集成本费用，真实记录和反映单位经济活动。财务人员有权拒绝不真实、不合法的原始凭证。对记载不准确、不完整、有错误的原始凭证，财务人员坚决予以退回，并要求按规定进行补充、更正。全国学会收支核算应及时进行，不得提前或延后。

第四条　有关会计核算的一般要求及会计核算事宜，严格执行财政部印发的《会计基础工作规范》，切实加强会计基础工作，建立、健全内部控制制度，不断提高财务管理水平及会计核算水平。

第五条　根据《民间非营利组织会计制度》，结合学会实际情况，按统一规定的会计科目，设置和使用如下会计科目：

（一）资产类。

现金。本科目核算库存现金的收支和结存情况。收到现金，借记本科目，贷记有关科目；支出现金，借记有关科目，贷记本科目。本科目借方余额反映库存现金数额。每日终了，应当计算当日的现金收入合计数、现金支出合计数和结余数，并将结余数与实际库存数核对，做到账款相符。

银行存款。本科目核算单位存入银行或其他金融机构的各种存款。将款项存入银行或其他金融机构时，借记本科目，贷记有关科目；提取或支出存款时，借记有关科目，贷记本科目。本科目借方余额反映单位实际存在银行或其他金融机构的款项。

其他应收款。本科目核算单位除应收票据、应收账款以外的其他各项应收、暂付款项。发生其他各种应收款项时，借记本科目，贷记有关科目；收回各种款项时，借记有关科目，贷记本科目。应于每年年度终了对其他应收款进行全面检查，计提坏账准备。本科目借方余额为尚未收回的其他应收款。

短期投资。本科目核算单位持有的能够随时变现并且持有时间不超过1年（含1年）的投资。在取得短期投资时应当按照投资成本计量，借记本科目，贷记"银行存款"等科目。收回短期投资本息时，按照实际回到的金额，借记"银行存款"科目，按照收回短期投资的账面余额，贷记本科目，按照其差额，借记或贷记投资收益。

长期股权投资。本科目核算单位持有时间超过1年的各种股权性质的投资。如果本单位对被投资单位具有控制、共同控制或重大影响，应当采用权益法进行核算。以银行存款进行投资，借记本科目，贷记"银行存款"科目。被投资单位宣告发放利润时，确认当期投资收益，借记"其他应收款"科目，贷记"投资收益"科目；实际收到利润时，按照实际收到的金额，借记"银行存款"科目，贷记"其他应收款"科目。

固定资产。本科目核算单位固定资产的原价。单位购入固定资产，取得时的实际成本包括买价、包装费、运输费、缴纳的税金等相关费用，借记本科目，贷记"银行存款"科目。本科目期末借方余额，反映单位期末固定资产的账面原价。

累计折旧。本科目核算单位固定资产的累计折旧。按月计提固定资产折旧时，按应计提的金额，借记"管理费用"科目，贷记本科目。本科目期末贷方余额，反映单位提取的固定资产折旧累计数。

在建工程。本科目核算单位组织进行在建工程所发生的实际支出。在实际发生支出时，借记本科目，贷记相关科目。所建工程达到预定可使用状态经验收合格后转固定资产。借记"固定资产"科目，贷记本科目。

（二）负债类。

应付账款。本科目核算单位因购买商品、接受服务等应付给供应单位的款项。发生时按未付金额，借记相关科目，贷记本科目。偿付时，借记本科目，贷记相关科目。本科目期末贷方余额，反映单位尚未支付的应付款项。

预收账款。本科目核算单位向服务、购买商品单位预收的各种款项。购货单位预收款项时，按实际预收的金额，借记"银行存款"科目，贷记本科目。确认收入时，按本科目账面金额，借记本科目，贷记相关收入科目。本科目期末贷方余额反映单位向购货单位预收的款项。

应付工资。本科目核算支付给职工的工资，包括各种工资、奖金津贴等。按照相关规定，根据工资标准和考勤记录编制工资单。支付时借记本科目，贷记"银行存款"科目。期末时将本期工资进行分配，借记相关科目，贷记本科目。期末无余额。

应交税金。本科目核算单位按税法规定应当缴纳的各种税费，并按税金种类进行明细核算。单位发生相关纳税义务时，借记"税金及附加"科目，贷记本科目；缴纳税金时，借记本科目，贷记"银行存款"科目。本科目期末借方余额为多交的税金，贷方余额为尚未缴纳的税费。

其他应付款。本科目核算单位应付、暂收其他单位或个人的款项，如代扣或支取住房公积金、代扣或使用工会经费等。单位发生的各种应付、暂收款项，借记"银行存款""管理费用"等科目，贷记本科目；支付款项时，借记本科目，贷记"银行存款"等科目。本科目应按应付、暂收款项的类别和单位或个人设置明细账,进行明细核算。本科目期末贷方余额,反映尚未支付的其他应付款项。

(三)净资产类。

非限定性净资产。本科目核算单位拥有的非限定用途的净资产。期末单位应将各收入类科目所属"非限定性收入"明细科目的余额转入本科目,借记各收入类科目,贷记本科目。本科目期末贷方余额,反映单位历年积存的非限定性净资产。

限定性净资产。本科目核算单位拥有的限定用途的净资产。期末单位应将各收入类科目所属"限定性收入"明细科目的余额转入本科目,借记各收入类科目,贷记本科目。如果限定性资产的限制已经解除,应当对净资产重新分类,将限定性净资产转非限定性净资产。借记本科目,贷记"非限定性净资产"科目。本科目期末贷方余额,反映单位历年积存的限定性净资产。

(四)收入类。

会费收入。本科目核算单位根据章程的规定向会员收取的会费收入。收到款项或取得收入时,借记"银行存款"等科目,贷记本科目。期末将本科目余额转入"非限定性净资产"科目。期末结转后本科目应无余额。

提供服务收入。本科目核算单位根据章程和收费许可范围的规定向其服务对象提供服务取得的收入。单位提供服务取得收入时,借记有关科目,贷记本科目;发生缴款退回则作相反的会计分录。期末将本科目余额转入"非限定性净资产"科目,结转后本科目应无余额。

政府补助收入。本科目核算单位因为政府拨款或者政府机构给予的补助而取得的收入。收到政府补助时,借记有关科目,贷记本科目。期末将本科目余额转入"非限定性净资产"科目。期末结转后,本科目应无余额。

投资收益。本科目核算单位因对外投资取得的投资净损益。采用权益法核算的，期末按照享有或应当分担的被投资单位当年实现的净利润或发生的净亏损份额，调整长期股权投资账面价值，如被投资单位实现净利润，借记"长期股权投资"科目，贷记本科目，如被投资单位发生净亏损，借记本科目，贷记"长期股权投资"科目。但以长期股权投资账面价值减记至零为限。期末将本科目余额转入"非限定性净资产"科目，期末结转后，本科目应无余额。

其他收入。本科目核算单位除上述主要业务活动收入以外的收入。取得收入时，借记"银行存款"等科目，贷记本科目"非限定性收入"明细科目。期末将本科目贷方余额转入"非限定性净资产"科目。期末结转后本科目应无余额。

（五）成本费用类。

业务活动成本。本科目核算单位为实现其业务活动目标、开展项目活动或者提供服务所发生的费用。发生业务活动成本时，借记本科目，贷记有关科目。期末将本科目借方余额转入"非限定性净资产"科目，借记"非限定性净资产"科目，贷记本科目。结转后本科目应无余额。

管理费用。本科目核算单位为组织和管理其业务活动所发生的各项费用。发生费用时，借记本科目，贷记有关科目。期末将本科目借方余额转入"非限定性净资产"科目，借记"非限定性净资产"科目，贷记本科目。结转后本科目应无余额。

其他费用。本科目核算单位发生的、无法归集到业务活动成本、管理费用等的费用，包括固定资产净损失、所得税费等。发生固定资产净损失时，借记本科目，贷记"固定资产清理"科目。期末将本科目转入"非限定性资产"科目，贷记本科目。期末结转后无余额。

第二章　财务报告

第六条　全国学会应建立完善的财务信息公开制度。

（一）主动定期公开真实、准确、完整的学会财务信息，自觉接受会员和社会监督，不断提高学会公信力。通过特定的媒介或方式，主动定期向社会公开财务信息，不得有虚假记载、误导性陈述或重大遗漏，保证信息公开真实、准确、完整、及时。

（二）学会向社会公开的财务信息，包括：经许可收费项目的依据和收费标准；服务项目、服务方式、服务质量和服务责任；开展评比达标表彰情况；接受捐赠的活动开展和资金使用情况；接受国家拨款情况，接受政府职能委托、授权、转移情况和政府购买服务情况；关联方及关联交易情况；其他。向社会公开的财务信息应通过"社会组织信息公开平台"公开。

（三）学会向会员公开的财务信息，包括：会费标准及会费收支情况；财务会计报告或财务工作报告；年度审计报告、换届或法定代表人离任审计报告；内部财务管理制度；重大财务事项；监事会、理事会决议、纪要；会员（代表）大会决议；其他。对会员公开的财务信息应以会员方便获取的方式提供。

（四）学会向理事会或类似权力执行机构公开的财务信息，除向社会和会员公开的财务信息外，还应公开：资金收支情况，包括重要业务活动收支情况、资产增值和对外投资及损益情况、工作人员薪酬情况、行政办公支出情况、纳税情况和其他支出情况等；负责人薪酬情况；资产增值及举办实体情况、投资资产占总资产的比例情况；年度报表审计情况、专项审计情况、换届审计和法定代表人离任审计情况；其他经理事会研究认为有必要公布的情况。对理事会或类似权力机构公开的财务信息应以相关成员方便获取的方式提供。

（五）学会财务信息公开制度的内部管理。学会应认真履行财务信息公开责任，对所公开信息的真实性、准确性、完整性、及时性负责，保障会员、捐赠人、社会公众及有关单位能够方便、完整地查阅和获取公开的信息，并接受行政监督、社会监督和舆论监督。学会应指定专人负责处理信息公开的有关事务。对于已经公开的财务信息，建立信息公开档案，妥善保管。学会进行财务信息公开应当符合相关规定，对于涉及国家安全、商业秘密、个人隐私等依法不予公开的信息，不得公开；不得发布损害公共利益以及其他组织和公民合法权益的信息，不得发布虚假信息和误导性信息。

第七条　财务报告是反映学会财务状况、业务活动情况和现金流量等的书面文件。财务报告分为年度财务报告和中期财务报告。财务报告按半年度、季度或月度编制。年度财务报告以整个会计年度为基础编制。

第八条　财务报告由会计报表、会计报表附注和财务情况说明书组成。学会的会计报表按照业务主管机关规定制发。学会在编制中期财务报告时，采用与年度财务报告相一致的确认与计量原则。

第九条　财务报告中的会计报表至少应当包括以下三张报表：资产负债表、业务活动表、现金流量表。

第十条　会计报表附注至少应当包括下列内容：

（一）重要会计政策及其变更情况的说明。

（二）理事会成员和工作人员的数量、变动情况以及获得的薪金等报酬情况的说明。

（三）会计报表重要项目及其增减变动情况的说明。

（四）资产提供者设置了时间或用途限制的相关资产情况的说明。

（五）受托代理交易情况的说明，包括受托代理资产的构成、计价基础和依据、用途等。

（六）重大资产减值情况的说明。

（七）公允价值无法可靠取得的受赠资产和其他资产的名称、数量、来源和用途等情况的说明。

（八）对外承诺和或有事项情况的说明。

（九）接受劳务捐赠情况的说明。

（十）资产负债表日后非调整事项的说明。

（十一）有助于理解和分析会计报表需要说明的其他事项。

第十一条 财务情况说明书至少应当对下列情况作出说明：

（一）学会的宗旨、组织结构以及人员配备等情况。

（二）学会业务活动基本情况，年度计划和预算完成情况，产生差异的原因分析，下一会计期间业务活动计划和预算等。

（三）对学会业务活动有重大影响的其他事项。

第十二条 学会对外投资，而且占对被投资单位资本总额50%以上（不含50%），或者虽然占该单位资本总额不足50%但具有实质上的控制权的，或者对被投资单位具有控制权的，应当编制合并会计报表。

第十三条 学会的年度财务报告应当于年度终了后3个月内对外提供。会计报表的填列，以人民币"元"为金额单位，"元"以下填至"分"。

第十四条 学会对外提供的财务报告应当依次编定页数，加具封面，装订成册，加盖公章。封面上应当注明：组织名称、组织登记证号、组织形式、地址、报表所属年度或者中期、报出日期，并由学会秘书长、会计主管人员签名并盖章。

第十五条 学会独立核算的分支机构（指有单独银行账户的），在财政年度（与学会财政年度起止期限一致）结束后45天内，将该年度的收支状况（资产负债表、收入支出表、现金流量表、业务活动表）和由第三方机构出具的审计报告报送学会秘书处审查，由秘书处负责向理事长办公会议报告。分支机构的收支状况须向所在专业委员会委员公开。非独立核算的分支机构，也应自觉执行挂靠单位财务管理规定，并在内部以适当方式公开。

第十六条 财务报告规范要求：

（一）财务报告必须经财务负责人审阅后方可报出。

（二）财务报告质量要求：财务报告必须如实反映财务状况和经营成果，做到内容真实，数字准确，资料可靠；金额、备注、附注等均应填写完整、齐全，不能遗漏；正确填列报表数据，确保表内、表间勾稽关系正确无误，做到账表相符，表表相符；信息可比，即编制报表所采用的会计处理方法、揭示方法保持相对稳定，保证前后各会计期会计口径一致性和可比性；编报及时，即在规定的时间内及时报出。

第十七条 报送及审议：

（一）月度报告：月度应于月度终了10日前上报理事长月度会计报表及相关资料。

（二）年度报告：年度会计报告应于年度终了25日前上报理事长办公会审议，并向会员代表大会公开。学会年度财务报告审定由会员（代表）大会或理事会（常务理事会）决策。

第三章 财务分析

第十八条 为了揭示财务活动中存在的问题，预测本会未来的发展和风险，检查预算完成情况，考察经营管理总体成效，正确评价学会财务状况和经营成果，向理事会决策提供可靠的数据资料，财务部门要对学会会计报表进行财务指标分析。

第十九条 财务分析的要求：对财务预算指标进行分析，并与实际经营指标进行对比，分析各类收入、费用、成本所占的比例与核定经营目标的差额及原因，并且要求列报下一步关键举措。会计报表的分析要起到为学会领导在进行经营决策时提供参考，为学会的财务状况和经营成果做出准确评价的作用。形成事前预测，事中控制，事后分析制度。

第二十条 财务分析的内容：包括预算编制与执行、资产使用、支出状况等。财务分析指标包括预算收入和支出完成率、人员经费与公用经费支出分别占事业支出的比率、人均基本支出、资产负债率等。根据财务报表及有关资料，首先对学会收支情况进行分析，说明完成情况及影响的原因；资产完成情况分析、成本分析、资金分析、财务情况的综合分析及评价指标。

第二十一条 财务部门应加强日常财务分析，掌握学会收支状况，保证学会正常工作运转和各项工作任务的完成。按规定及时完成纳税申报、缴纳税款等工作。

第二十二条 财务分析报告制度：财务部门在进行财务分析后，根据分析暴露存在的问题和不足，找出差距，提出解决及改进措施、建议，学会组织各有关部门研究决定贯彻意见，认真组织实施。

第四章　财务监督

第二十三条　为了加强学会财务管理，保证学会财产安全，规范经费收支行为，增强经费的使用效益，需要强化学会财务监督。财务监督是运用财务指标对学会业务活动进行的观察、判断、建议和督促。财务监督有明确的目的，能够促使财务活动规范化、合法化、科学化。财务监督包括内部监督和外部监督。内部监督是学会内部进行的监督，在会计核算过程中由单位负责人、会计人员和其他相关人员共同实施的内部监督。规模较大的学会，可以设立内审部门，规模较小的学会，可以组织内部人员定期开展检查。外部监督是由学会主体之外的、相对独立的审计组织对会计工作实施的监督，通常包括政府审计和社会审计。内部监督和外部监督相互联系。

第二十四条　财务监督的原则：

（一）财务监督要保证学会各项工作规范顺利进行。

（二）对于监督检查过程中发现的问题要有组织地如实、全面、准确地反映与汇报。

（三）在处理与解决问题时，要对问题的性质以及错误的事实、情节、原因、后果、背景等进行具体分析研究，根据财务管理的有关政策规定进行处理。

（四）财务年度审计要求。每年4月30日之前，应选择有资质的审计机构进行财务审计，上报登记机关和业务主管单位。

（五）离任和换届审计要求。换届或更换法定代表人之前，应选择有资质的审计机构进行财务审计，上报登记机关和业务主管单位备案。

（六）其他审计。其他需要审计的事项发生时，应选择有资质的审计机构进行审计，并上报主管机关。

（七）委托审计单位进行审计时，应当向受委托的会计师事务所如实提供会计凭证、会计账簿、财务会计报告和其他会计资料以及有关情况。

（八）任何单位或者个人不得以任何方式要求或者示意注册会计师及其所在的会计师事务所出具不实或者不当的审计报告。

（九）财政部门有权对会计师事务所出具审计报告的程序和内容进行监督。

第二十五条 财务监督的基本任务：

（一）保证学会按照国家相关政策、财务制度办事，正确地支出财务资金，合理、节约、有效地运用经费于学会经济活动之中，保证学会工作顺利进行和经济效益不断提高。

（二）合理设置工作岗位，职责分明，账钱分管。

（三）各项收支坚持经办部门负责人、财务审核，学会领导审批，学会领导报销费用执行互签的原则。

（四）财务人员应根据职能分工及时编制会计凭证和会计报表，按规定妥善保存并装订归档。

（五）财务人员应依法依规执行有关各项财务法规，履行各项财务职责。对违法违规行为，要坚持原则，依法办事。

（六）加强财务管理搞好财务工作，是学会全体工作人员的共同责任，要共同遵守。

（七）会计保管各种票证。建立票据管理制度和票据领购、收发、使用、交验及核销制度。出纳和财物保管人员按规定使用各种票据。

（八）学会印鉴的使用实行分管并用制。

（九）出纳领用并保管、使用好各种银行结算票据。

（十）加强固定资产等实物管理，采购时要有采购申请和审批。实物要有验收和保管人。

（十一）定期对现金等货币资金、固定资产等财物进行清理盘点，明确责任，保证资金和财产物资的安全完整。

第二十六条　财务监督的对象：主要包括对预算管理、收入管理、支出管理、结转和结余管理、专用基金管理、资产管理、负债管理等的监督；也包括制度建设情况、预算执行情况、重大经济活动、重大资金支出和其他监督部门认定的事项。学会的财务部门要通过收支审核、财务分析、财务报告等，对学会的财务收支、资金活动、财产管理进行监督检查，发现问题要及时处理并向领导报告。

第二十七条　财务监督应当实行事前监督、事中监督、事后监督相结合，日常监督与专项监督相结合。学会应当依法接受上级主管部门和财政、审计部门的监督。学会纪检监察部门负责学会财务事项的内部监督。对内部监督中发现的问题，依据国家相关法律、法规和制度要求及时纠正。学会党委、常务理事会及监事会应对财务管理工作实施全方位监督，开展定期与不定期的检查与审计。学会的财务接受会员代表大会和理事会的监督。

第二十八条　会计人员对学会的一切经济活动进行会计监督。

（一）学会应建立健全财务管理制度，完善内部会计管理体系，建立健全财务收支审批制度，严格执行《中华人民共和国会计法》。

（二）对财务收支进行监督。对违犯国家统一的财政、财务、会计制度规定的财务收支，应当给予制止和纠正。

（三）对违反学会内部会计管理制度的经济活动，应当制止和纠正，制止和纠正无效的，向学会主任报告，请求处理。

（四）对原始凭证进行审核和监督。会计人员对不真实、不合法的原始凭证不予受理；对记载不准确、不完整的原始凭证予以退回，要求更正、补充；对审批手续不全、程序不对的原始凭证，应当退回，要求补充、更正。

（五）会计人员对单位制定的预算、财务计划等的执行情况进行监督。

第二十九条　财务监督与检查主要针对预算、收支、结转结余、负债管理及日常核算等，全部财务行为须严格遵循国家、上级部门相关财经法规及财务管理规定，自觉接受审计署、财政部、民政部、中国科协等上级主管部门的检查与监督。

第三十条　建立财务会计内部控制监督检查制度。由内部审计机构或者指定专职人员具体负责财务会计内部财务控制制度执行情况的监督检查，确保财务会计内部控制制度的有效执行。接受上级主管部门、聘请中介机构或相关专业人员对本单位财务会计内部控制制度的建立健全及实施进行评价，并对财务会计内部控制中的重大缺陷提出书面报告。对发现的问题和薄弱环节，要采取有效措施，改进和完善内部控制制度。

第五章　财务审计

第三十一条　每年年终请中介机构对财务年终决算进行一次审计，同时监督检查一年内学会经济运行过程各项处理的合理性、合法性、合规性。

《全国学会财务制度》（范本）

第三十二条 财务报告审计制度。

（一）年度财务报告对外提供前，应选择具有相关业务资格的会计师事务所进行审计。

（二）根据相关法律法规的规定，选择符合资质的会计师事务所对财务报告进行审计。

（三）不得干扰审计人员的正常工作，并应对审计意见予以落实。

（四）注册会计师及其所在的事务所出具的审计报告，应随财务报告一并提供。

第三十三条 学会在换届或更换法定代表人之前，必须接受由民政部规定的审计部门的财务审计，并向全国会员代表大会报告社会团体的财务收支情况，接受会员的监督。

第三十四条 严格执行内部审计规定。严格执行学会定期组织财产清查和会计资料内部审计规定。学会开展各项业务活动的财务收支和日常办公经费使用情况应当接受学会审计监督检查，审计监督检查结果纳入学会考核评价体系。

（一）内部审计的职责。内部审计应在学会治理机构的直接领导下，负责学会、分支机构和控股公司的审计工作；审计报送的财务收支计划、资金计划、财务预算、财务决算、账目、凭证、账簿、报表等资料；检查资金、资产管理及使用等情况。

（二）内部审计的内容。负责学会常规年度财务审计管理工作；根据治理机构要求，开展过程审计或专项审计；向治理机构提交审计工作计划和审计报告；对审计报告的正确性、可靠性、合理性负责，按时完成审计工作任务；对被审对象提供的有关资料负有保密责任。

《全国学会大型学术交流活动财务管理制度》

第一章 总则

第一条 大型学术交流活动是指全国学会（以下简称"学会"）在章程规定的宗旨和业务范围内，为服务特定群体交流和展示学科知识、研究成果、实践经验等，以及传播和普及科学技术，而举办的大规模主旨活动。

第二条 学会举办大型学术交流活动应符合章程规定的宗旨和业务范围，且严格贯彻落实中央"八项规定"精神，厉行节约、勤俭办事，不得铺张浪费。

第三条 学会以"主办单位""协办单位""支持单位""参与单位""指导单位"等方式开展合作活动的，应当切实履行相关职责，加强对活动全程监管，不得以挂名方式参与合作。

第四条 大型学术交流活动有多个主办、承办单位的，应以书面协议方式确定相关权利义务。作为主办单位的全国学会，应当对活动收入如实入账，不得向承办方或协办方以任何形式收取费用。活动的收支核算应符合会计制度和账户管理规定，严格执行"收支两条线"规定，不得坐收坐支，不得账外核算，杜绝"小金库"。

第五条　学会应在举办大型学术交流活动前，公开活动收费范围、标准，且不得随意更改，活动期间不得以任何形式强制服务和强制收费。

第二章　大型学术交流活动资金的管理

第六条　大型学术交流活动应遵循以下财务管理原则：

（一）依法依规，严格管理。举办的学术交流活动应当遵守相关法律法规和政策规定，履行报批程序。严格按照批准的年度学术会议计划范围内举办活动。取得的各项学术交流活动收入应当遵循自愿有偿和公平公开原则，并按照对外公开的活动通知（通知中应注明收费范围和标准）或合同约定收取，原则上不得随意变更收费标准，并由学会开具《增值税专用（或普通、定额）发票》。学会不得利用党政机关名义举办活动。学会举办活动期间，不得进行与收费挂钩的品牌推介、成果发布、论文发表等活动。学会在举办活动前，应公开活动收费范围、标准，且不得随意更改。

（二）厉行节约，预算管理。大型学术交流活动的业务部门应本着"厉行节约、勤俭办事"的原则，科学、规范、合理地编制预算，严格执行预算和各项费用开支标准，力求会风简朴，务实高效。大型学术交流活动纳入年度预算管理。学会举办大型学术交流活动应提前制定活动计划，合理确定活动规模，从严控制活动成本，努力提高活动资金使用效益。

（三）开源节流，统筹兼顾。统筹兼顾近期和远期发展，在保证大型学术交流活动质量的前提下为学会全面、协调和可持续发展提供资金保障。大型学术交流活动业务部门应当严控会议成本。确因活动收入较少，在勤俭节约的前提下，仍无法收支平衡，需书面说明原因并经主任委员（或大会主席）签字确认后，按照预算审批程序审批后，申请由学会结余弥补亏损。

（四）单独核算，专款专用。大型学术交流活动收支必须全部纳入学会账户统一管理，单独核算，专款专用。举办国际、国内学术交流活动由财务部门指定学术活动服务的财务人员，具体负责有关财务管理，协助编制并审核预算，核对各项收入到账情况，依据审批的预算和财务制度审核各项支出，大型学术交流活动结束后与活动经办人及时核对、确认各项收入和费用，并编制决算。

（五）及时催款，防止坏账。为防止坏账风险，对于本学科的学术交流活动初次合作的参展企业原则上不予赊销，应当于学术活动召开前支付参展费用；对于长期合作且信誉良好的参展企业在签订参展合同，履行合同审批程序并批准的前提下可以赊销。学术交流活动经办人应当严格履行应收账款的催款责任，必要时咨询律师经法律程序催收应收账款，防止坏账损失。对于经多次催收无果且超过三年以上确实无法收回的应收账款，且符合坏账损失确认的政策规定，须经办人履行坏账损失审批程序后，财务部门依据批准的相关文件确认坏账，核销应收账款。

第七条 在举办大学学术交流活动前，公开活动收费范围、标准，且不得随意更改，活动期间不得以任何形式强制服务和强制收费。大型学术交流活动收入范围：

（一）注册费收入：按照活动通知规定的收费范围和收费标准向自愿

参会代表收取的注册费或培训费收入，通知中不得出现"应当"或"必须"等要求强制参加的内容。

（二）展览展示收入：按照参会通知规定的收费范围和标准或合同约定向自愿参展企业收取的举办展览、展示、宣传插页等展览展示收入。

（三）国际组织专项资助：国际组织按照承办协议资助的会议专项经费。

（四）活动其他收入：主要包括会议资料收入，以及境内外机构或部门、企业在自愿基础上提供的资金支持。

第八条 举办大型学术交流活动应据实报销各项费用，不得列支与活动无关的支出，不得超预算支出。大型学术交流活动支出范围：

（一）食宿费：是指参会人员、工作人员和邀请专家的伙食、茶歇费，承办国际学术会议的外宾宴请费（其宴请次数和标准执行《中央和国家机关外宾接待经费管理办法》的有关规定），工作人员和邀请专家的住宿等费用。

（二）租赁费：是指会议室和展览场地租赁、设备和卫星转播租赁、参会代表往返酒店和会场的车辆租赁等费用。

（三）差旅交通费：是指工作人员和邀请国内外专家的城际间交通，市内交通，往返机场、火车站和酒店的交通等费用。

（四）会前筹备费：是指大型学术交流活动召开前会场考察的城际及市内交通费、食宿费及会前筹备会、审稿会等会议费；出国承办国际组织学术会议发生的宣传品、外宾纪念品、外宾礼品等设计制作费、公务出国费、国外参展、宣传等费用。

（五）设计制作费：是指资料印刷制作，展板展台的设计制作、搭建及运输等费用。

（六）会议信息技术服务费：是指网络平台技术及服务、注册及稿件处理系统、网络直播等费用。

（七）摄录费：是指视频制作、摄影摄像、照相费，课件、纪念短片摄录及编辑制作费。

（八）公杂费：是指会议用品、邮寄、通信及手续费等费用。

（九）资助费：是指对研究生、学生、基层或偏远贫困地区人员参加会议的资助费，包括减免注册费、会期食宿费、报销往返交通费或资助款项等费用。

（十）劳务及表彰费：是指学术交流活动前期和活动期间支付专家讲课费、主持费、审稿费、评审费、筹备劳务费、外聘工作人员及志愿者的劳务费、获奖者的表彰奖励等费用。

（十一）承办费：根据承办协议按比例或定额支付承办单位或国际组织的费用。

（十二）会议服务费：按协议支付会议服务机构各项服务费用。

（十三）承担的间接费用：为保证学会工作的正常运行和事业发展，学术交流活动资金原则上应承担一定比例的间接费用，即学术活动在组织实施过程中无法直接列支的有关管理费用的补助支出和绩效支出。

（十四）缴纳的各种税费。

（十五）其他与学术交流活动有关的合规支出。

第九条　大型学术交流活动承担的间接费用：

（一）间接费用计算依据：参照相关规定，间接费用按照比例法计算并实行总额控制的有关规定，大型学术交流活动承担的间接费用总额不得超过收支相抵后的10%，且无结余的学术交流活动不承担间接费用。绩效支出在间接费用中的比例可以不设限制，绩效支出按照学会绩效管理办法执行。

（二）间接费用的使用范围：坚持集中管理、统筹使用的原则。主要使用范围：

1. 日常运营的办公用房、办公设备的维修支出。

2. 日常运营的办公耗材的消耗支出。

3. 日常管理的其他补助支出。

4. 绩效支出。

（三）间接费用计算比例：大型学术交流活动金额500万元及以下部分计算间接费用的比例为20%；超过500万元至1000万元的部分计算间接费用的比例为10%；超过1000万元的部分计算间接费用的比例为5%，且间接费用总额不得超过学术交流活动收支相抵后的10%（这里的金额标准仅供参考，每个学会根据自身情况制定合适的金额标准）。

第十条 大型学术交流活动的报销审批程序和支出标准按照有关规定执行。学会举办大型学术交流活动应据实报销各类费用，不得列支与活动无关支出，不得超预算支出。活动期间遇到计划外的特殊支出事项，应严格履行学会内部审批或授权程序。

第三章 大型学术交流活动预算和决算管理

第十一条 学会应将大型学术交流活动纳入年度预算管理。学会举办大型学术交流活动应提前制定活动计划，合理确定活动规模，从严控制活动成本，努力提高活动资金使用效益。

第十二条 大型学术交流活动预算内容包括资金来源预算、经费支出预算和应急事项预算等。

第十三条 大型学术交流活动预算由主办部门负责编制，在活动举办

2 个月之前报财务部门审核、分管领导审批。

第十四条　大型学术交流活动预算一经批准原则上应严格执行，确有特殊原因需调整的，由主办部门提出书面申请，报学会领导批准后方可调整。

第十五条　预算编制与审批：

（一）大型学术交流活动预算是学会全面预算管理体系的重要组成部分。收入和支出预算应当同时编制，学术交流活动预算逐一编制。

（二）大型学术交流活动负责人应当在活动召开前及时完成预算编制和报批。

（三）大型学术交流活动应当按照政策相符性和经济合理性原则，根据学术交流的收入和支出范围，科学合理、实事求是地编制预算，并对直接费用支出的主要用途和测算理由等予以说明。

（四）预算由大型学术交流活动负责人、财务部门负责人审核会签通过后，按照预算审批程序报学会领导审批。未通过审核的，应当按审核意见要求调整后重新上报。

第十六条　预算调整与决算。

（一）大型学术交流活动应当严格按照批准的预算执行。因大型学术交流活动实施过程中涉及漏报或临时增加的事项（不含因参会人员增加而增加的直接变动成本）需要增加预算的，且增加的金额超出原批准的支出预算总额 1 万元（含）以上的应当申请调整增加预算，按照预算审批程序报批后执行。

（二）大型学术交流活动完成后，其负责人应当会同指定财务人员及时核对活动收支情况，核对无误后编制学术交流活动决算，并按照预算审批程序报批。

《全国学会财务制度》（范本）

第四章　大型学术交流活动结余资金管理

第十七条　学会开展大型学术交流业务活动的结余部分，全部用于事业发展。

（一）学会与单个分会共同组织的学术交流活动，结余资金50%（该比例仅供参考）用于学会建设和事业发展，50%用于分会建设和学术发展。

（二）学会与多个分会共同组织的学术交流活动，结余资金的30%（该比例仅供参考）用于学会建设和事业发展，70%用于相关分会建设和学术发展。

第五章　大型学术交流活动采购与合同资金管理

第十八条　学会举办大型学术交流活动涉及的采购事项，原则上采取竞争性方式确定供应商，其中技术复杂的应引入专家论证、第三方评估等机制。对采购金额较大的，学会应参考政府采购规定的公开招标、邀请招标、竞争性磋商、竞争性谈判、询价、单一来源等采购方式，简化操作程序、优化内部流程，自主制定本学会采购操作规程，并严格依据采购操作规程自行组织实施。对采购金额较小的，学会应按照"事前授权、事后报告"的原则进行授权管理。

第十九条 学会举办大型学术交流活动涉及的住宿、餐饮、场地租赁等有市场公开报价的采购事项，采购价格一般不宜超过公开报价。

第二十条 学会举办大型学术交流活动涉及的合同事项，原则上应在活动开始前协商签订，并明确双方权利义务关系，约定收付款方式、条件、时间和金额。有条件的学会，应提前制定大型学术交流活动主要收支事项的合同范本，规范合同管理。

第六章 大型学术交流活动资金的监管

第二十一条 学会举办评比达标表彰活动应按规定报经有关部门批准。学会举办评比达标表彰活动一般应在会员范围内开展，坚持谁举办、谁出钱的原则，不得以营利为目的，不得将活动委托营利机构主办或承办；不得收取任何费用或变相收取费用，不得在事后组织要求参与对象出钱出物的活动；不得面向基层政府主办，不得超出登记的活动地域、活动领域和业务范围举办。

第二十二条 学会将大型学术交流活动委托其他组织承办或者协办的，应加强对活动的主导和监督，不得向承办方或者协办方收取任何费用或变相收取费用。

第二十三条 学会举办大型学术交流活动，不得利用党政机关名义举办，不得进行与收费挂钩的品牌推介、成果发布、论文发表等活动，不得借机变相公款消费、旅游，不得发放礼金、礼品、昂贵纪念品和各种有价证券、支付凭证。

第二十四条 学会举办大型学术交流活动，应接受登记管理机关、业

《全国学会财务制度》(范本)

务主管单位、纪检监察部门和审计机关的监督检查,并在年度工作报告中作为重大业务活动事项报告。

第七章 附则

第二十五条 本制度由财务部门负责解释并监督执行。

第二十六条 本制度自印发之日起执行。

《全国学会劳务支出管理制度》

第一章 总则

第一条 为加强和规范全国学会（以下简称"学会"）劳务费管理，推进学会制度化、规范化建设，依据国家法律法规及有关规定，结合学会工作需要，制定本制度。

第二条 本制度适用于学会办事机构及各分支机构。

第三条 劳务费用支出管理坚持"合理合法、严格审批、规范程序"的原则。

第四条 依据国家税法规定，劳务费即劳务报酬是指个人独立从事各种非雇用劳务所取得的所得，包括：个人从事设计、装潢、安装、制图、化验、测试、医疗、法律、会计、咨询、讲学、新闻、广播、翻译、审计、书画、雕刻、影视、录音、录像、演出、表演、广告、展览、技术服务、介绍服务、经纪服务、代办服务以及其他劳务取得的所得。

第五条 劳务人员聘请程序。由经办部门提出聘请申请，填写《学会经费使用申请单》，明确聘请原因、支付标准、天数、预计费用、经费来源等内容，按照学会事前审批权限履行审批手续。

第六条 结合学会具体工作及有关管理规定，本制度中所指劳务费具体分为专家咨询费和其他劳务费。

（一）专家咨询费是指支付给临时聘请的咨询专家的费用。

（二）其他劳务费是指除专家咨询费外，在各项目、活动实施过程中支付的劳务性费用，包括学术会议报告费、外请专家培训费、学术会议论文评审费、撰稿费、编辑编审费、翻译费及其他与学会工作相关的劳务费。

第七条 劳务费依据项目来源不同，执行相应标准。

第八条 本制度中所指劳务费标准除特殊标注外，均为税前标准。学会依法代扣代缴个人所得税。

第二章 劳务费发放对象

第九条 学会劳务费发放对象为向学会提供服务且与学会未订立劳动合同的专家、在读研究生、访问学者、项目临时人员等。与学会订立劳动合同的专（兼）职人员，不应以任何形式在学会领取劳务费，稿酬（稿费）不在此限。劳务费是用于支付个人独立从事各种非雇用的劳务所得收入，支付对象为非本单位员工，单位不得向与本单位签订劳动合同的员工支付劳务费。学会不能以劳务费名义向承担项目的专职工作人员发放"补助"或"奖励"，应作为绩效工资并记入职工薪酬。

第十条 在学会兼任理事长、副理事长、监事长、监事、秘书长、副秘书长的人员，已在本学会领取薪酬的，不得以任何形式领取劳务费，稿酬（稿费）不在此限；没有在本学会领取薪酬的，也不得以所兼任职务为由领取劳务费，但以专家身份为学会提供兼任职务之外的专业技术或学术交流服务时，可以按规定标准据实领取劳务费。本条款所述兼职人员领取劳务费的情况应向会员（代表）大会公开。其中，党政机关领导干部、退（离）休领导干部、公务员和国有独资企业、国有控股企业（含国有独资金融企业和国有控股金融企业）及其分支机构的领导班子成员，在全国学会兼任本条款所述学会职务的，按规定不得领取任何报酬。事业单位在职的编制内人员因工作需要在全国学会兼职的，且所在地区、行业领域、系统、单位等未对兼职取酬做出限制性规定的，可视情况由学会做出规定。

第三章　劳务费标准

第十一条　学会根据自身发展阶段、所从事业务领域等因素自主制定劳务支出标准，也可按照实际工作需要自主确定劳务费类别。使用承接财政项目获得的资金支付劳务费时，要视具体情况认真进行区分，确保支付标准符合规定。学会参照《中国科协所属中国科协所属全国学会财务管理指引大纲》（科协办函计字〔2019〕163号）文件制定劳务支出标准如下：按规定记入政府补助收入科目的财政项目资金，在支付劳务费时，按照国家有关规定和财政项目委托单位制定的劳务支出标准执行。按规定记入政府补助收入科目之外的财政项目资金，财政项目委托单位有明确约定的，按其约定执行；没有明确约定的，在支付劳务费时，按照以上劳务支出标准执行。

《全国学会财务制度》（范本）

第十二条 高级专业技术职称人员的专家咨询费标准（该标准仅供参考）为1500~2400元/人·天（税后）；其他专业人员的专家咨询费标准为900~1500元/人·天（税后）。

第十三条 院士、全国知名专家，可按照高级专业技术职称人员的专家咨询费标准上浮50%执行。学会向诺贝尔奖得主，或者相当于诺贝尔奖的国际知名科技大奖得主，国际知名学者、专家等发放劳务费的，应"一事一议"，严格按照本学会财务决策程序报批后执行。

第十四条 本制度所指专家咨询活动的组织形式主要有会议、现场访谈或者勘察、通信三种形式。

（一）以会议形式组织的咨询，是指通过召开专家参加的会议，征询专家的意见和建议。

（二）以现场访谈或者勘察形式组织的咨询，是指通过组织现场谈话，或者查看实地、实物、原始业务资料等方式征询专家的意见和建议。

（三）以通信形式组织的咨询，是指通过信函、邮件等方式征询专家的意见和建议。

第十五条 不同形式组织的专家咨询活动适用专家咨询费标准如下：

组织形式 \ 时间	半天	不超过两天（含两天）	超过两天
会议	按照本制度第十二条所规定标准的60%执行	按照本制度第十二条所规定的标准执行	第一天、第二天：按照本制度第十二条所规定的标准执行；第三天及以后：按照本制度第十二条所规定标准的50%执行
现场访谈或者勘察	按照上述以会议形式组织的专家咨询费相关标准执行。		
通信	按次计算，每次按照本制度第十二条所规定标准的20%~50%执行。		

第十六条 兼职人员按日薪进行结算，全年不超过 60 天，并签订劳务合同。其中院士标准为 5000 元/人·天；正高级技术职称人员标准为 1000~1500 元/人·天；副高级技术职称人员标准为 800~1200 元/人·天；其他研究人员标准为 400 元/人·天。

第十七条 临时性项目、活动的参与人员包括单位实习生、社会短期聘用人员、兼职人员及在校学生等劳务费标准应参照当地相关从业人员平均收入水平，根据其承担的工作任务确定。

第十八条 学术会议报告费及外请专家培训费标准。税后标准：副高级技术职称专业人员每学时最高不超过 500 元，正高级技术职称专业人员每学时最高不超过 1000 元，院士、全国知名专家每学时一般不超过 1500 元。费用按实际发生的学时计算，每半天最多按 4 学时计算。确有特殊情况需要提高标准的，需经学会理事长审批。

第十九条 学术会议论文评审费标准。国际学术会议：摘要评审费 30~40 元/人·篇；全文评审费 100~200 元/人·篇。国内学术会议：摘要评审费 15~20 元/人·篇；全文评审费 80~150 元/人·篇。

第二十条 科技评价专家咨询费、项目预审查费税后标准。科技评价专家咨询费：高级专业技术职称人员 1500~2000 元/人·项；院士、全国知名专家不超过 3000 元/人·项。（标准审查会专家咨询费参照执行）项目预审查费：500~800 元/人·项。

第二十一条 撰稿费、翻译费标准。采用一次性付酬方式，按作品字数，以千字为单位，不足千字部分按千字计算。

（一）撰稿费标准：原则上根据撰稿难度与质量，每千字 80~300 元，特约撰稿费每千字不超过 500 元，注释部分参照该标准执行。

（二）翻译费标准：根据翻译人员水平不同适用不同标准。

1. 中译英 150~180 元/千字；校核：80~130 元/千字；

2. 英译中 130~160 元/千字；校核：70~100 元/千字。

第二十二条 编辑费及编审费标准。

（一）编辑费根据编辑工作难度、语言不同，适用不同标准。

1. 中文编辑费 60~200 元/千字；

2. 英文编辑费 10~60 美元/千字。

（二）编审费根据编审专家级别及工作内容适用不同标准。

1. 期刊类编审费 100~500 元/篇；

2. 图书审稿费 10~30 元/千字。

第二十三条 其他劳务费标准。

（一）各项会议会场学生志愿者劳务费：150~200 元/人·天；其他协办服务人员 500~800 元/人·天。

（二）各类监考劳务费：200~300 元/人·次。

（三）各项会议摄影摄像劳务费：根据会议规模、摄影摄像范围及会议期间的长短适用不同标准。

（四）其他劳务费的发放，参照上述标准执行。

第四章 劳务费发放

第二十四条 业务经办人区分不同事项填写"劳务费发放表"，注明业务事项名称，经学会经办部门主任、人力资源部门、财务部门审核后报学会领导审批。

第二十五条 学会不能使用现金发放劳务费。学会支付境内人员劳务费的，应通过本学会银行账户转账；支付境外人员劳务费的，一般应通过本学会银行账户外汇专户办理境外汇款。发放专家咨询费原则上采用银行转账方式，会议方式发放专家咨询费需收款人签字确认。

第二十六条 以银行转账方式支付专家咨询费的，经办人应在发放表中填写收款人本人银行卡开户行及银行账号，完成审批流程后，由学会财务部门统一通过网银支付。

第二十七条 需领取现金经银行汇款支付专家咨询费的，经办人需提前2个工作日向学会财务部门提出现金需求。经办人汇款后，相关银行汇款票据随发放表经审批后到财务部门报销。

第二十八条 经办人应在学会劳务费管理系统中录入相关信息，按照该系统要求的内控流程进行流转审核。

第二十九条 学会各部门严格遵守专家咨询费和其他劳务费发放标准，不得超标准发放。学会向国际知名学者、专家等发放劳务费的，可执行"一事一议"，严格按照学会财务决策程序报批后执行。

第三十条 外聘人员领取劳务费时，须本人在《学会会议劳务费发放表》或《学会会议咨询费发放表》或《学会会议讲课费发放表》中登记身份证号并签字，发生的个人所得税等按照相关规定由学会代扣代缴。

第三十一条 根据经济社会发展水平、市场价格及消费水平变动情况，学会专家咨询费和其他劳务费标准可按照有关规定适时调整。

第五章　附则

第三十二条 本制度由学会人力资源部门与财务部门负责解释。

第三十三条 本制度自印发之日起执行。

《全国学会财务机构与财务人员管理制度》

第一章 总则

第一条 为加强全国学会（以下简称"学会"）财务管理，建立规范的财务工作秩序，提高财务工作的质量和水平，充分发挥财务职能作用，更好地为学会经营决策和经营管理服务，依据《中华人民共和国会计法》《会计基础工作规范》《民间非营利组织会计制度》，结合学会实际情况，制定本制度。

第二条 有条件的全国学会，可根据学会业务发展需要，设置财务机构，并配备足够数量的专职会计人员；办事机构规模小、业务活动少的全国学会，可配备一名专职出纳，并委托具备资质的中介机构代理记账。学会财务部门的职能：

（一）认真贯彻执行国家有关财务管理制度和社团财经管理制度。

（二）建立健全财务管理的各种规章制度，编制财务计划，加强核算

《全国学会财务制度》（范本）

管理，定期向学会领导反映、分析财务计划的执行情况，监督检查分支机构执行财经制度情况。

（三）积极为学会开展各项工作服务，提高资金使用效率及经济效益。

（四）厉行节约，合理使用资金。

（五）合理归集分配学会收入，及时缴纳税费。

（六）积极配合上级主管部门和财政、税务、银行部门了解、检查学会财务工作，主动提供有关财务资料，如实反映情况。

（七）负责年度财务预决算工作。

（八）负责学会资产管理工作。

（九）完成学会交给的其他工作。

第二章　会计机构设置和会计人员配备

第三条　学会法定代表人是学会会计机构和会计核算的第一责任人，对学会的会计工作负领导责任。学会法定代表人对会计工作和会计资料的真实性、准确性、完整性负责。

第四条　学会在秘书处设立财务部门，负责整个学会的会计核算和财务收支管理，保证学会资金安全合理使用。在理事会或常务理事会的监管下，日常财务工作由学会财务部门负责，实行秘书长负责制。

第五条　财务部门设部长、财务主管、会计和出纳岗位。聘请具有会计从业资格的专职会计人员担任。学会财务主管的任命、撤销由学会常务理事会讨论通过，不得任意调动或者撤换。

第六条 设置财务机构的学会，应按照规定合理设置会计岗位，明确各岗位职责权限，可一人一岗、一人多岗或者一岗多人，并指定一名会计主管人员。学会执行财务管理不相容职务相互分离的规定。会计不得兼任出纳，出纳不得兼管稽核、会计档案保管和收入、支出、费用、债权债务账目的登记工作。会计人员的工作岗位结合学会实际业务情况进行轮换。

第七条 学会任用会计人员实行回避制度和不相容职务相互分离制度。

一是回避制度。理事会（常务理事会）、监事会成员及其直系亲属不得担任或兼任本学会会计人员；办事机构负责人及其直系亲属不得担任或兼任本学会会计人员；会计机构负责人、会计主管人员的直系亲属不得在本学会担任出纳。需要回避的直系亲属为：夫妻关系、直系血亲关系、三代以内旁系血亲以及配偶关系。

二是不相容职务相互分离制度。会计不得兼任出纳，出纳不得监管稽核、会计档案保管和收入、支出、费用、债权债务账目的登记工作。支出申请和审批岗位应相互分离。发票和财政票据的保管、使用相互分离。

第八条 会计人员应具备必要的专业知识和专业技能，熟悉国家有关法律、法规、规章和国家统一会计制度，遵守职业道德。

第九条 学会支持财务人员提升专业能力。严把财务人员选聘、录用关，为财务人员参加业务培训、继续教育等提供更加便利的条件，支持财务人员参加中国科协举办的各类业务培训，全面促进财务人员职业道德和专业能力提升。

第十条 学会各级领导支持会计机构、会计人员依法行使职权；适当提高财务人员薪酬待遇，确保其薪酬标准不低于学会其他业务人员；对忠于职守，坚持原则，做出显著成绩的会计机构、会计人员，应当给予精神的和物质的奖励。

《全国学会财务制度》（范本）

第三章　财务人员职业道德

第十一条　财务人员在财务工作中应当遵守职业道德，树立良好的职业品质、严谨的工作作风，严守工作纪律，努力提高工作效率和工作质量。

第十二条　财务人员应当热爱本职工作，努力钻研业务，使自己的知识和技能适应所从事工作的要求。

第十三条　财务人员应当熟悉财经法律、法规、规章和国家统一财务制度，并结合财务工作进行广泛宣传。

第十四条　财务人员应当按照财务法规和国家统一财务制度规定的程序和要求进行财务工作，保证所提供的财务信息合法、真实、准确、及时、完整。

第十五条　财务人员办理财务事务应当实事求是、客观公正。

第十六条　财务人员应当熟悉学会的业务管理情况，运用掌握的财务信息和财务方法，为改善单位内部管理、提高经济效益服务。

第十七条　财务人员应当保守学会的商业秘密。除法律规定和学会领导人同意外，不能私自向外界提供或者泄露单位的财务信息。

第十八条　财务人员违反职业道德的，由所在单位进行处罚；情节严重的，移交相关部门处理。

第四章 财务主管岗位职责

第十九条 学会财务主管人员应当具备会计师以上专业技术职务资格或者从事会计工作三年以上经历。财务主管负责学会财务管理制度的制定，规范财会基础工作和核算流程。

第二十条 监督指导会计及出纳各项工作依制度合理合法开展，对财务管理制度执行中存在的问题及时纠正，重大问题及时报告领导。

第二十一条 组织学会的经济核算和预算管理工作，定期向学会法定代表人和秘书长报送财务收支情况报表以及重大活动收支明细。

第二十二条 定期开展财务分析，考核经营成果，分析经营管理中存在的问题，及时向领导提出建议，促使学会经营水平提高。

第二十三条 参与审核重要经济合同、协议及有关经济文件财务部分。参加学会重要经济决策会议，从财务角度提出意见和建议，对合同的执行情况进行监督。

第二十四条 负责组织贯彻执行国家财经法规，对有关经济、财务、资产等工作进行监督管理。

第二十五条 负责对各项目、各部门及二级机构的专项资金、奖励基金及项目经费进行监管。

第二十六条 参与各类采购项目财务审查，大额采购招标、询价及小额采购审批。监督固定资产管理。

第二十七条 负责学会秘书处及分支机构涉及财务工作的业务培训。安排会计人员培训，保证会计人员每年有一定时间用于学习和参加培训。

第二十八条　负责学会财务审计工作。

第二十九条　负责报销单据财务审核，严格执行财务监督管理制度。

第五章　会计岗位职责

第三十条　贯彻执行《会计法》，遵照《民间非营利组织会计制度》等相关法规，负责学会及各分支机构业务活动收支经费使用的立账、记账及结账。正确设置会计科目，真实记录学会的经济业务活动。记账及时、准确，债权、债务及时登记、及时查清，做好财务状况分析。

第三十一条　认真审核原始凭证，正确编制记账凭证，准确登账，保证会计凭证、会计账簿、会计报表和其他会计资料真实、准确、完整，并符合会计制度的规定。

第三十二条　遵守国家财政纪律，严格掌握各项开支标准，划分费用性质，准确使用会计科目，认真执行成本支出审批权限和费用报销制度。对会费和限定性资金的使用进行专项管理。

第三十三条　每月及时按政府相关规定核算增值税、个人所得税、城市建设费、教育费附加等税种。负责企业所得税等税务申报及税款缴纳工作。负责减免税申请等涉税业务办理。税款缴纳申报后，应将各种报出的报表、文件、税票等留存作为该年度的税务档案。

第三十四条　定期及时按学会工资管理条例及实际情况核算工资/劳务及个税，编制工资/劳务发放表。负责劳务费表格审核及税款核算工作。

第三十五条　定期及时按政府相关规定核算社保公积金，负责社保公积金的申报及缴纳工作。

第三十六条　参与学会的经济核算和预算管理工作，按时编制学会资产负债表、现金流量表、业务活动表，学会财务收支情况表等财务报表。及时向财务部门负责人报送财务收支情况报表以及重大活动收支明细。

第三十七条　完成中国科协和民政部年检考核的年度财务决算报表、协助配合会计师事务所及税务部门做好年度财务审计和税务审核。负责起草理事会财务报告。定期提供财务数据，配合分支机构开展财务监督。

第三十八条　负责与财政、税务、金融部门的联系，及时掌握财政、税务政策变化。积极主动为学会营造良好的经济环境，协助学会领导处理好与这些部门的关系。

第三十九条　建立固定资产目录，设置固定资产账簿。

第四十条　对会计账目及凭证等财务档案按期立卷装订成册。严格执行查阅制度及保管制度。负责会计档案的保管，对大额收支的合同进行留存，按合同内容、合同编号、执行情况、签订单位、签订时间进行财务登记管理。

第六章　出纳岗位职责

第四十一条　学会需要配备专职出纳。办事机构规模小、业务活动少的学会，可委托代理记账，并配备一名专职出纳。出纳负责办理学会现金、银行收、付款业务，妥善保管现金及收据、支票等资金往来票证，配合会计做好各种账务处理。

第四十二条　定期购置并根据学会业务需要及时开具增值税票、会费发票，保证学会业务需要。

《全国学会财务制度》（范本）

第四十三条 严格按照学会财务制度，随时掌握现金的收付和库存余额，根据审核无误的记账凭证，按照经济业务发生的顺序，逐日逐笔登记现金日记账和银行存款日记账，必须做到日清月结，其账面余额必须与库存现金的总账余额核对，做到账实、账账相符。按期与银行对账，按月编制银行存款余额调节表，随时处理未达账项。

第四十四条 要严格遵守库存现金限额的规定，超过库存限额部分的现金应当天存入银行，以保证现金的安全。避免使用大额现金，执行现金收付票据的复核制度。支票、发票的使用要有完整记录，及时和银行对账查账。

第四十五条 执行学会的财务监督管理制度，严格审核现金收付凭证。不得白条入账，抵押现金。

第四十六条 坚持收支两条线原则。收到现金，要及时存入银行；支付现金，可以从学会库存现金限额中支付或从银行存款中提取，不得从现金收入中直接支付（即坐付）。

第四十七条 支付款项，需按学会财务管理条例规定签字后，方可支付。遇签字领导外出等特殊情况应设法通知，待其同意后可先付款后补签。

第四十八条 严格支票管理制度，对签发的支票必须填写用途、金额，除特殊情况外需填写收款人，不得签逾期支票、空头支票。

第四十九条 定期编制现金、支票、发票盘点表，经会计人员核对无误后作为财务档案留存备查。

第五十条 负责会员会费、理事会费的收缴工作。

第五十一条 协助学会各种会议的财务支持和会务服务工作，完成学会领导交办的其他事务。

第七章 会计工作交接

第五十二条 会计人员工作调动或者因故离职，必须将本人所经管的会计工作资料和业务在规定的时间内移交给接替人员。没有办清交接手续者，不得调动或离职。

第五十三条 接替人员应当认真接管移交的资料和工作，并继续办理移交的未了事项。

第五十四条 会计人员办理移交手续，必须及时做好以下工作：

（一）已经受理的经济业务尚未填制会计凭证，应当填制完毕；

（二）尚未登记完毕的账目，应当登记完毕，并在最后一笔余额后加盖经办人员印鉴；

（三）整理各项工作资料，对未了事项写出书面材料；

（四）编制移交清册，列明移交的会计凭证、会计账簿、原始资料、汇总表、报表、印鉴、现金、支票、发票、文件、外部转来的核算通知及核算资料、合同协议、其他会计资料和物品资料。从事财务信息化工作的人员，在移交清册中列明会计软件及密码、会计软件数据盘（磁盘）及有关资料、实物等内容。

第五十五条 会计人员办理交接手续，必须由监交人负责监交。

（一）一般会计人员交接，由财务结算中心负责人监交。

（二）财务机构负责人交接，由单位领导或财务主管领导监交。

（三）交接完毕，交接双方和监交人员要在移交清册上签名。移交清册上应注明单位名称、交接日期、交接双方和监交人的职务、姓名、移交清册页数、其他需要说明的问题和意见。移交清册1式3份,交接双方各执1份,存入会计档案1份。

(四)接替人员应当继续使用移交的会计账簿,不得自行另立新账,以保持会计记录的连续性。

第五十六条 移交人员对所移交的会计凭证、会计账簿、会计报表、自制原始凭证、所做会计凭证及其他会计资料的合法性、合规性、真实性承担一切法律责任。

第八章 财务决策

第五十七条 按管理级次建立财务决策议事规则。

(一)会员会费标准的制定和修改应由会员(代表)大会决策。

(二)财务决策管理制度的制定和修改、工资总额预算应由会员(代表)大会或理事会决策。

(三)重要财务管理制度的制定和修改,薪酬管理制度的制定和修改,接受大额捐赠,大额资产租赁、购置、出租、出借和处置,年度预算、年度财务报告审定,对外投资,对外财务信息披露等重大财务事项应由会员(代表)大会或理事会(常务理事会)决策。

(四)其他财务事项可以由办事机构决策。

(五)理事长(会长)办公会、秘书长办公会应按照民主集中制原则,对重要财务事项实行集体领导、集体决策。

第五十八条 建立相互制衡的财务决策管理制度。

(一)建立完善决策、执行、监督相互制衡的财务决策管理制度。按照民主办会的要求，明确理事会（常务理事会）决策职责、办事机构执行职责和监事会（监事）监督职责。

（二）监事会（监事）应列席重大财务事项决策，定期检查财务管理情况。

（三）加强党组织对重大财务事项的领导。已建立党组织的全国学会，应将党组织研究讨论作为理事会（常务理事会）、理事长（会长）办公会、秘书长办公会决策重大财务事项的前置程序。

第五十九条 明确各类财务事项内部管理流程。

（一）重大财务事项应经过民主程序，不得由个人专断；业务复杂、专业性强的财务事项应引入专家论证、第三方评估等，不得盲目决策。

（二）按照分级授权、分岗设权、分事行权、权责一致的要求，合理设置岗位权限、限额标准、管理流程，明确责任追究的标准、程序和惩处措施。

第九章　附则

第六十条　本制度由财务部门负责解释。

第六十一条　本制度自发布之日起施行。

《全国学会分支机构财务管理制度》

第一章 总则

第一条 为加强全国学会分支机构财务管理，保障全国学会分支机构的正常活动，根据《中华人民共和国会计法》《社会团体登记管理条例》《民政部 财政部 人民银行关于加强社会团体分支（代表）机构财务管理的通知》《中国科协所属全国学会财务管理指引大纲》，结合全国学会实际，制定本制度。

第二条 本制度适用于经全国学会批准成立并登记的各类分支机构。学会不得设立地域性分支机构，不得在分支机构下再设分支机构。

第三条 全国学会分支机构是全国学会常务理事会领导下的分支机构，是学会的组成部分，不具备法人资格，不得另行制订章程，只能在学会授权的范围内开展活动、发展会员，不设银行账户，其财务收支不得记入其他单位、组织或个人账户，统一纳入学会的财务管理，专设科目核算。

第四条 分支机构的主任委员对分支机构执行国家财经法规和学会财

务规定负领导责任，应配备具有上岗资格的专职或兼职财务人员，财务人员应遵守国家有关法律、法规，认真执行有关财务制度，按照学会财务收支审批程序借款、报账，配合学会财务部门办理相关手续。

第五条 应加强和创新分支机构财务管理。鼓励和指导分支机构制定年度活动计划、编制年度预算。分支机构经费收入、支付情况需每年初上报各分支机构常委会审议通过。

第六条 分支机构资金来源必须合法，开展活动取得的合法收入，必须用于业务活动的支出，不得自收自支，不得私自分配，不得滥发钱物和私设"小金库"。

第七条 分支机构作为非法人机构，不具有法人资格，未经学会法人代表授权，不能对外直接签订经济合同。

第八条 分支机构领导变更或换届，须在学会分管分支机构的部门负责人、专管人员监督下30日内办理相关财务移交手续。

第二章　收入管理

第九条 分支机构收入范围包括：

（一）接受境内团体、单位、个人的捐赠和资助。

（二）承担政府委托任务接受的资金。

（三）有偿服务收入，包括分支机构开展与其宗旨相关的咨询、技术、学术交流、继续教育、技术开发、人才培训、出版刊物、举办会议等服务项目所取得的合法收入。

（四）会员会费收入。

（五）其他合法收入。分支机构开展非营利性质的有偿服务，必须按有关规定，依法办理登记注册手续，严格收费标准，照章纳税。

第十条 分支机构收入项目主要包括：

（一）注册费收入：向参加组织技术、学术交流、继续教育、业务培训、国际交流等活动的参会代表收取的会务费或培训费。

（二）学术交流收入：在上述活动期间接受企业支持。

（三）资助、捐赠收入：境内外机构或部门，企业、个人出于自愿，无偿给上述活动提供的资金或物资上的资助或捐赠；上述活动联合的主办单位、主办地政府提供的经费和物资支持。

第十一条 分支机构收入的原则：

（一）分支机构各项经费收入应严格遵守国家和学会的相关管理制度，按照规定的范围和标准收费。

（二）分支机构在学会授权的范围内，结合学会会费标准代表收取会费，所收取的会费属于学会所有，应当缴入学会对应账户统一核算。不得单独制定会费标准，不得截留会费收入。

（三）分支机构经授权可以代表学会接受资助、捐赠。捐赠收入应当缴入学会对应账户统一核算，捐赠收入属于学会所有，分支机构不得截留捐赠收入。分支机构不得自行接受资助、捐赠。

（四）除会费和捐赠收入等免税收入外的其他收入，均属于纳税收入，应由学会与相关单位签订经济合同。

（五）分支机构与其他单位合作开展学术活动，要严格把关，不得以挂名方式参加合作，对合作的事项要报学会审批。并由学会和合作单位签署协议，明确双方的权利和义务，经费的收入支配及结算方式。

第三章　支出管理

第十二条　分支机构支出范围包括：

（一）开展技术、学术交流、继续教育、技术开发、人才培训、出版刊物，会议等业务活动的相关支出。

（二）召开主委办公会、常委会、会员代表会等工作会议相关费用支出。

（三）开展调研活动的相关支出。

（四）人员薪酬支出。指确实工作需要聘用的专职工作人员薪酬支出，从严控制，按分支机构相关程序审批，报学会备案。

（五）离退休领导干部工作经费支出。在分支机构兼职的离退休领导干部不得领取薪酬、奖金、津贴等兼职报酬和获取其他额外利益，也不得领取各种名目的补贴等，确需安排工作经费的，应从严控制，符合民政部2015年《关于退（离）休干部在社会组织兼职期间可以列支必要工作经费的规定》的相关规定。

（六）日常办公经费支出：主要用于分支机构日常办公、通信、差旅、设备购置、维修、租用办公用房、订购业务书籍、报刊等。

（七）承办服务费：根据承办协议，按比例或定额支付给承办单位的费用。

（八）按协议支付给会务公司费用。

（九）缴纳的各种税费。

（十）其他合法支出。学会不得向分支机构收取或变相收取管理费用。

第十三条 经费支出的原则：

（一）分支机构经费支出应严格遵守国家和学会的相关财务规定，在规定的范围和标准支出，接收的票据抬头应为税务登记确认的学会全称。

（二）支出要取得合法有效的原始单据和相关附件，在票据有效期三个月内及时报销，跨年度票据应在次年一月底前报销。

（三）劳务费支出是指为分支机构提供服务的非雇用关系的个人支付的一次性劳务费，类别包括咨询费、学术专题报告费、讲课费、评审费、稿酬（稿费）等。支出要严格人员类别和标准，其中学术专题报告费院士不能超过 3000 元，高级技术职称不超过 2000 元，其他专业技术人员 1000 元（这些金额标准仅供参考）。在分支机构兼职的主委、副主委、常委、委员、专职工作人员、离退休兼职领导干部不应以任何形式领取劳务费。但以专家身份为分支机构提供兼职职务之外的专业技术或学术交流服务时可按规定标准实领取劳务费。报销时按要求提供相关明细项目，并严格签批手续，领取人员要亲笔签名。

（四）分支机构委托非会务公司的单位承办的相关会议及其他工作，应由学会与其签订委托协议，明确双方权利、义务、财务收支关系，报销时一并提供。

（五）分支机构委托会务服务公司承办的相关会议，应与学会签订委托协议，明确双方的权利义务，其中收取的会务服务费不得高于 10%。

第四章　预算决算编制及审批

第十四条 年度经费预算编制和审批，分支机构应于每年 12 月 10 日前，根据下年度工作计划编制年度经费预算，主要包括：办公费、差旅费、咨询费、调研费、资产购置费、房屋维修、租赁费、专职工作人员福利补助费等，由分支机构主委签字后报学会财务部门审核，经学会领导批准后正式通知分支机构执行。

第十五条　专项活动经费预算编制和审批，分支机构组织学术会议、学术交流、培训班、讲座等专项活动，应在活动举办时间前两个月向学会提供经费的预算，由专委会主委签字后报学会财务部门审核，经学会领导审批后执行。

第十六条　工作会议经费预算编制和审批，分支机构召开常委会、全委会、年度工作会、审稿会、筹备会、总结会等工作会议，应在会议召开前两周，向学会提供工作会议预算，经学会财务部门审核后报学会领导批准后执行。

第十七条　专项活动、工作会议结束且所有收入均到账，所有支出均结清后半个月内，应及时向学会上报决算并办理结算报销。

第十八条　每年12月20日（该日期仅供参考）为学会财务年终结算截止日，分支机构需在此日之前结清当年所有经费收支事项，学会财务部门根据截止日之前的数据向各分支机构提供年度收支余报告，并以此数据为依据进行年终相关科目结转。

第十九条　超过一个月不办理会议结算的，按账中已记载情况进行会议结算、分配，以后再报账的不再记入会议成本中。会议结算完毕，由学会财务人员出具会议结算单，由分支机构负责人、学会分管财务工作的部门负责人、学会财务签字认可分配。如分成另有约定的，须向学会财务部门提供相关依据，方可下账。会议收入任何单位和个人不得擅自截留、侵占或挪用。

第二十条　分支机构工作人员、专家劳务费用已经在会议期间支付的，学会不再另行支付。

第五章　审批权限

第二十一条　分支机构账面可支取的资金在1000元以上时，领用支票、借款、报销时，由分支机构负责人、经办人、承办人签字后到学会办理报销。

第二十二条　对分支机构经费收支有审批权限的负责人，须在学会财务部门作签章备案；分支机构专职工作人员工资需学会财务部门代发的，须将相关工作人员的工资标准、身份证复印件、银行卡号等在学会财务部门备案；以上人员如有变动，分支机构应第一时间通知学会财务部门，并及时办理变更备案。

第二十三条　领用支票、借款、报销时，如遇分支机构负责人因出国或外出不能签字，可以传真形式审批确认或授权临时负责人签字批准。

第六章　支票管理

第二十四条　支票的使用起点为1000元。同城业务，单位之间的款项结算在1000元以上的，原则上应以支票结算；异地对公业务，可通过银行汇款。

第二十五条　支票使用，原则上当天领取当天使用。有效期不得超过

7个工作日。

第二十六条 学会分支机构使用支票，须填写"支票领用登记单"，由分支机构负责人、学会分管财务工作的部门负责人、专管人员签字后，学会财务部门审核后办理。

第二十七条 领用支票的报账周期为30个自然日。超时不报的，不可再领用支票。

第七章　现金管理

第二十八条 根据国务院颁发的《现金管理暂行条例》规定，结合学会分支机构实际情况，在下列范围内使用现金：

（一）专职工作人员工资、津贴、奖金；

（二）出差人员必须携带的差旅费；

（三）结算起点（1000元）以下的零星支出；

（四）学会分支机构负责人批准的其他开支。

第二十九条 除本制度第二十八条外，应当使用支票；确需全额支付现金的，需说明原因，经学会财务部门负责人同意后，方可使用现金。

第三十条 学会分支机构购置固定资产、办公用品、其他工作用品必须采取转账结算方式，不得使用现金。

第三十一条 分支机构不得开设独立的银行账户。学会分支机构不准将公款以私人名义作为储蓄款，不准私设"小金库"；以现金形式收取的咨询服务费、参展费、资料费、培训费等收入必须按规定及时全额上缴学会财务部门统一管理，严禁"收不入账"和"坐支"现金行为。

第三十二条 学会分支机构需要借用现金，需填写《现金借款单》，写明借款单位、原因、用途，由分支机构负责人签字、经学会分管财务工作的负责人签批，财务部门审核后办理。现金借款报账周期为30个自然日，超时不报的，不再借支现金。单次借用现金在1万元以上（含1万元），应提前7日与学会财务部门预约；单次借用现金在2万元以上（含2万元），需要说明借用大额现金的理由。（金额和时间标准仅供参考）异地对个人业务，可通过邮局汇款。

第三十三条 学会分支机构报销时，需填制"费用报销单""支出凭单"，原始发票要有经手人签字，"费用报销单""支出凭单"须由分支机构负责人、分支机构经办人签字，再经学会分管财务工作的部门负责人、专管人员审核合格后报销。分支机构一次性累计报销现金1万元以上（含1万元），应提前7天与学会财务部门预约（金额和时间标准仅供参考）。

第三十四条 分支机构的会议现场借用现金原则上限于现金结算起点以下支付的劳务费用。

第八章 固定资产管理

第三十五条 固定资产是指同时具有以下特征的有形资产：为行政管理、提供服务等目的而持有的；预计使用年限超过1年。

第三十六条 加强对固定资产的管理。分支机构原则上不购置固定资产，确需购置的要报学会审批并备案，纳入学会固定资产管理，分支机构要有专人负责，建立固定资产账簿卡片，对每一种固定资产的编号、名称、规格、使用部门（保管人）、购置时间、原价等逐一登记。

第三十七条 对分支机构固定资产定期进行清查，发现盘盈、盘亏的固定资产，要查明原因，填制固定资产盘盈盘亏报告表及写出书面报告，由分支机构负责人、学会分管财务工作的部门负责人、专管人员签字，报学会领导审批后，进行账务处理。

第三十八条 分支机构工作人员变动时，须在分支机构负责人监督下做好固定资产交接手续；换届时，须在学会分管财务工作的负责人、专管人员监督下做好固定资产交接手续。

第九章　票据管理

第三十九条 分支机构不得自行购置发票、收据，由学会财务部门统一开具和使用。

第四十条 发票的种类及使用范围：

（一）全国性社会团体会费统一收费票据（简称"会费收据"）：限于收取全国单位会员会费。

（二）公益事业捐赠统一票据：按照自愿、无偿原则，依法接受并用于公益事业的捐赠财物时，向提供捐赠的自然人、法人和其他组织开具的凭证。

（三）增值税普通发票：限于收取咨询服务、技术交流、资料费、会议费、会务费、参展费、培训费、证书费。

第四十一条 分支机构举办会议、培训等活动，需收取注册费用的，应统一汇入学会银行账户，由学会财务部门统一管理。遇特殊情况（如预付酒店押金、场地租金等）须经学会财务部门同意后予以垫支。严禁利用会议收入坐支现金、套取现金和设立小金库。

第十章　奖惩

第四十二条　学会财务部门要加强对分支机构财务工作的监督检查，对违反规定者及时纠正，情节严重者，上报学会按相关法规处理。

第四十三条　分支机构应严格执行上述规定，如有违反上述规定者，学会将给予通报批评，追究分支机构领导和相关人员的责任。

第十一章　附则

第四十四条　本制度由全国学会负责解释。

第四十五条　本制度自理事会审核通过后生效。

《全国学会会计档案管理制度》

第一章　总则

第一条　为了加强全国学会会计档案管理，保证会计档案的安全、完整、及时，根据《中华人民共和国会计法》和《中华人民共和国档案法》及财政部《会计档案管理办法》的规定，结合全国学会实际情况，制定本制度。

第二条　本制度所称会计档案是指在进行会计核算等过程中接收或形成的，记录和反映单位经济业务事项的，具有保存价值的文字、图表等各种形式的会计资料，包括通过计算机等电子设备形成、传输和存储的电子会计档案。

第二章　会计档案管理部门

第三条　会计档案的具体管理工作由财务部门负责，由财务部门指定专人负责在专门地点保管。保管地点应具备完善的防潮、防霉、防蛀、防火、防盗等条件。

第四条 财务部门必须建立会计档案的立卷、归档、保管、查阅和销毁等管理制度，保证会计档案妥善保管、有序存放、方便查阅、严防毁损、散失和泄密。

第三章 会计档案归档的范围

第五条 会计凭证。包括各种原始凭证、记账凭证，银行对账单及余额调节表等。年度终了都必须按照规定归档。

第六条 会计账簿。包括总账、明细账、日记账、各种辅助登记簿等。

第七条 财务报告。包括财务月、季、年度会计报表，报表附注及财务情况说明书。上级主管部门对报告的批复及社会审计的审计报告。

第八条 其他财务核算资料。凡与财务核算紧密相关的，由财务部门负责办理的有参考价值的数据资料。

第四章 会计档案的整理

第九条 财务年度终了后，应将装订成册的会计档案进行整理立卷。各种财务档案应按会计档案材料的关联性，分门别类地组成几个类型的案卷，将各卷按顺序编号。

（一）会计凭证。

1. 按月立卷：每月末将装订成册的凭证，统一登记案卷目录，每月立卷一份。

2. 分散装订：根据凭证的多少，分散装订，做到整齐、牢固、美观。

3. 装订封面的所有内容要填写齐全，包括：年度、流水编号、月份、起止日期、号码等。

（二）会计账簿。

各种会计账簿办理完年度结账后，除跨年使用的账簿外，其他均需整理妥善保管。

1. 会计账簿在装订前，应按账簿启用表的使用页数，核对各个账户账面是否齐全，是否按顺序排列。

2. 装订后的会计账簿应牢固、平整，不得有折角、掉页现象。

3. 会计账簿装订的封口处应加盖装订人印章。

4. 装订后，会计账簿的脊背应平整，注明所属年度及账簿名称和编号，并按税务部门要求贴花。

5. 会计账簿的编号为一年一编，编号顺序为总账、现金日记账、银行存（借）款日记账、分户明细账、辅助账。

（三）财务报表。

财务报表编制完成并按时报送后，留存报表均应按月装订成册，年度终了统一归档保管。

《全国学会财务制度》(范本)

第五章　会计档案的归档保管

第十条　当年的会计档案在财务年度终了后,由财务部门指定专人负责保管。

第十一条　财务部门负责全部会计档案的整理、立卷、保管、调阅、销毁等一系列工作。

第十二条　利用计算机、网络通信等信息技术手段管理会计档案。

(一) 形成的电子会计资料来源真实有效,由计算机等电子设备形成和传输。

(二) 使用的会计核算系统能够准确、完整、有效接收和读取电子会计资料,能够输出符合国家标准归档格式的会计凭证、会计账簿、财务会计报表等会计资料,设定了经办、审核、审批等必要的审签程序。

(三) 使用的电子档案管理系统能够有效接收、管理、利用电子会计档案,符合电子档案的长期保管要求,并建立了电子会计档案与相关联的其他纸质会计档案的检索关系。

(四) 采取有效措施,防止电子会计档案被篡改。

(五) 建立电子会计档案备份制度,能够有效防范自然灾害、意外事故和人为破坏的影响。

(六) 形成的电子会计资料不属于具有永久保存价值或者其他重要保存价值的会计档案。

(七) 单位从外部接收的电子会计资料附有符合《中华人民共和国电子签名法》规定的电子签名的,可仅以电子形式归档保存,形成电子会计档案。

第十三条 各种会计档案保管期限。符合财政部《会计档案管理办法（2015）》"企业和其他组织会计档案保管期限表"的规定。会计档案的保管期限分为永久保存和定期保存两类。定期保存的会计档案其保存期限从会计年度终了后的第一天算起，分为 10 年和 30 年两类。

（一）会计凭证类：

1. 原始凭证、记账凭证 30 年。其中，涉及外来和对私业务的会计凭证永久保存。

2. 银行存款余额调节表 10 年。

（二）会计账簿类：

1. 日记账、明细账、总账、辅助账 30 年。

2. 涉及外来和对私业务的会计账簿永久保存。

（三）会计报表类：

1. 主要财务指标报表 10 年。

2. 月、季度会计报表 10 年。

3. 年度会计报表永久保存。

（四）其他类：

1. 会计档案保管清册及销毁清册 30 年。

2. 财务成本计划 10 年。

3. 主要财务会计文件、合同、协议永久保存。

第十四条 当年形成的会计档案，在会计年度终了后，可由单位会计管理机构临时保管 1 年，再移交单位档案管理机构保管。因工作需要确需推迟移交的，应当经单位档案管理机构同意。单位会计管理机构临时保管会计档案最长不超过 3 年。临时保管期间，会计档案的保管应当符合国家档案管理的有关规定，且出纳不得兼管会计档案。

《全国学会财务制度》（范本）

第六章　会计档案的借阅使用

第十五条　财务部门建立会计档案清册和借阅登记清册。

第十六条　凡需借会计档案人员，须经财务部门主任或学会领导批准后，方可办理调阅手续。

第十七条　借阅会计档案人员，不得在案卷中标画，不得拆散原卷册，更不得抽换。

第十八条　借阅会计档案人员，不得将会计档案携带出外，特殊情况，须经学会领导批准。

第十九条　需要复制会计档案的，须经财务部门主任或学会领导批准后方可复制。

第七章　会计档案移交

第二十条　机构变动或档案管理人员调动时，应办理交接手续，由原管理人员编制会计档案移交清册，将全部案卷逐一点交，接管人员逐一接收。

第二十一条　移交会计档案时，由财务部门填写移交清册，交接双方逐份清点无误后，履行签字手续。交接双方和监交人员、财务部门负责人应在移交清册上签章，并注明单位名称、交接日期、交接双方和监交人职务、姓名、清册页数及需要说明的问题等。移交清册一式三份，交接双方各持一份，存档备案一份。

第二十二条　档案管理机构接收电子会计档案时，应当对电子会计档案的准确性、完整性、可用性、安全性进行检测，符合要求的才能接收。

第八章　会计档案的销毁

第二十三条　会计档案保管期满，需要销毁时由档案管理人员提出销毁清单并编制会计档案销毁清册，报财务部门主任，报经主管财务理事长、司库批准后，方可销毁。对其中未了结的债权、债务的原始凭证，应单独抽出，另行立卷，由档案部门保管到结清债权、债务时为止。

第二十四条　按规定销毁会计档案时，应由办公室档案管理部门和财务部门共同派人监销，监销人在销毁财务档案以前要认真清点、核对，销毁后，在销毁清册上签名盖章，并将监销情况以书面形式报告有关领导。

第九章　附则

第二十五条　本制度自颁布之日起实施，未涉及情况按国家有关规定处理。

参考文献

［1］中国科协计划财务部．全国学会财务管理指引大纲解读［G］．2020．

［2］中国科协学会服务中心．全国学会内控管理建设指导手册［M］．中国社会出版社，2021．

［3］中国科协学会服务中心．全国学会财务会计知识手册［M］．中国社会出版社，2021．

［4］中国科协计划财务部．中国科协财务管理制度汇编（2019年度）［G］．2019．

［5］中国科协计划财务部．全国学会加强财务管理10讲［G］．2018．

［6］中国科协计划财务部，中国电机工程学会．现代科技社团财务规范管理研究［M］．中国电力出版社，2018．

［7］郭葆春．社会组织财务管理［M］．中国社会出版社，2016．

［8］首都民间组织发展促进会，北京德诚社会组织评估与促进中心．民间非营利组织财务资产管理知识读本［M］．北京出版集团公司，北京出版社，2014．

［9］丁玉芳，邓小军．非营利组织会计与财务［M］．经济管理出版社，2010．

[10] 郑国安，赵路，吴波尔，李新男. 国外非营利组织的经营战略及相关财务管理 [M]. 机械工业出版社，2001.

[11] 莫冬燕. 非营利组织财务管理 [M]. 东北财经大学出版社，2018.